Ricette della

Chetogenica

Guida rapida con ricette per la perdita di peso.
Abbassa il colesterolo con piatti a basso contenuto di carboidrati e ad alto contenuto di grassi.

Riacquista la fiducia in te stesso con uno stile di vita sano ed equilibrato.

Susy Martini

Indice

Le informazioni contenute nelle pagine seguenti sono considerate, in linea di massima, un resoconto veritiero e accurato dei fatti e, in quanto tali, qualsiasi disattenzione, uso o abuso delle informazioni in questione da parte del lettore renderà qualsiasi azione risultante esclusivamente di loro competenza. Non esistono scenari in cui l'editore o l'autore originale di quest'opera possa essere in alcun modo ritenuto responsabile per eventuali disagi o danni che potrebbero verificarsi dopo aver intrapreso le informazioni qui descritte.

Inoltre, le informazioni contenute nelle pagine seguenti sono da intendersi solo a scopo informativo e vanno quindi considerate come universali. Come si addice alla loro natura, esse vengono presentate senza garanzie sulla loro validità prolungata o sulla loro qualità provvisoria. I marchi menzionati sono fatti senza il consenso scritto e non possono in alcun modo essere considerati un'approvazione da parte del titolare del marchio.

INTRODUZIONE

Le opzioni per una sana alimentazione sono infinite in questi giorni, e la Dieta Keto sta diventando sempre più popolare. Keto può anche essere conosciuto come una dieta a basso contenuto di carboidrati ad alto contenuto di grassi. Imparate a cucinare come un cuoco professionista mentre siete a dieta con questo nuovo favoloso libro di ricette. Imparare a fare deliziosi pasti facili da cucinare che hanno un ottimo sapore e che aiutano a perdere peso allo stesso tempo!

Il cibo è una necessità nella vita che tutti noi diamo per scontata. La nostra dieta è ciò che consumiamo ogni giorno e di cui dovremmo essere consapevoli. Questo libro è stato progettato per insegnarvi come si può fare una grande varietà di piatti deliziosi in cui si è in grado di adattarsi al modo di mangiare Keto.

Ci sono due tipi di diete chetogeniche, Dieta chetogenica standard: Si tratta di una dieta a bassissimo contenuto di carboidrati, di solito meno di 20 grammi al giorno, e la dieta chetogenica mirata: Si tratta di uno stile di alimentazione a digiuno intermittente con un apporto medio di carboidrati di circa 30-50 grammi al giorno.

Questo libro di ricette keto contiene varie ricette keto-friendly che si possono cucinare quotidianamente. Questa dieta è molto popolare, ma può essere difficile rispettare i limiti dei carboidrati. Ma, con l'aiuto di questo ricettario, sarà più facile seguire questa dieta perché ogni ricetta è stata attentamente pianificata in modo che siano tutte deliziose, mantenendo comunque bassi i carboidrati e le calorie.

Sarete in grado di capire lo stile di vita che questa dieta richiede e come funziona in modo da poter avere più successo nella vostra dieta.

Le ricette Keto sono più facili da preparare perché forniscono le informazioni necessarie per una particolare ricetta. Con questo libro imparerete a cucinare alcuni dei piatti più deliziosi, perché tutte le ricette sono state attentamente pianificate con ingredienti di alta qualità.

Con ogni ricetta, sarete in grado di capire la gerarchia di grassi, carboidrati, proteine e calorie. Questo vi darà una migliore comprensione di ciò che mangiate e di come influirà sulla vostra dieta.

Le ricette che troverete in questo libro sono piene dei sapori appetitosi che si possono incontrare in qualsiasi ristorante. Queste ricette di alta qualità sono più che buone, sono ottime! Non dovreste perdere questa grande opportunità!

Le nostre ricette di dieta keto sono prese da diversi sapori provenienti da tutto il mondo. Abbiamo organizzato le ricette secondo il gruppo principale del carb, che è a basso contenuto di carboidrati. È molto importante che passiate attraverso la guida prima di iniziare a cucinare, in modo da avere un'idea di come funziona questa dieta.

Siamo lieti di annunciare che molti dei nostri lettori hanno implementato con successo questa dieta nella loro routine e hanno perso peso. Tuttavia, comprendiamo che alcune persone hanno bisogno di una maggiore guida, quindi abbiamo incluso anche una guida su come implementare questa dieta in modo corretto e sicuro nel vostro stile di vita. Abbiamo implementato questa dieta noi stessi e siamo la prova vivente che funziona! Si tratta di un metodo collaudato e troverete tutte le informazioni necessarie per avere successo nel nostro libro.

Ho seguito la dieta Keto per circa 6 mesi e funziona a meraviglia. Ho perso molto peso, ma soprattutto il mio corpo sta iniziando a rispondere bene alla maggior parte degli alimenti, non scoraggiatevi se vi sentite come se foste bloccati, perché se tutto il resto fallisce si può sempre tornare al modo di mangiare ad alto contenuto di grassi.

La dieta Keto è attualmente il modo di mangiare a basso contenuto di carboidrati.

Come la maggior parte delle diete, Keto richiede di essere molto particolare su ciò che si mangia, perché all'interno di un piccolo cambiamento nelle combinazioni alimentari può influenzare drasticamente la perdita di peso.

Keto dieta è un basso - carb modo di mangiare che è un'alternativa più sana alle altre diete di moda che sono venuti e andati nel corso degli anni. La dieta Keto rende molto più facile per le persone a mantenere il loro peso come si limita di avere carboidrati o frutta zuccherata e tratta. Essa promuove anche una perdita di peso di grasso e, a differenza di altre diete che promuovono la perdita di peso in un breve lasso di tempo dieta Keto rende in modo che il peso continua ad essere perso per un periodo di tempo più lungo. In questo modo, si comincia a vedere i risultati, ma ancora non c'è nessuna perdita di peso drastica come la gente potrebbe ottenere con altre diete.

Una volta iniziata questa dieta a base di keto, ho cominciato a notare dei cambiamenti all'interno di me stesso in termini di motivazione durante l'allenamento e di livelli di energia durante il giorno. Nel complesso, ho perso molto peso e ho scoperto che il mio corpo sta diventando più resistente alle malattie.

COLAZIONE

Keto Crunch

Tempo di preparazione: 12 minuti

Tempo di cottura: 27 minuti

Dosi: 2

INGREDIENTI:

- Cavolfiore, 1 tazza (grattugiato)
- Formaggio Cheddar, ½ tazza (tritato)
- Uovo, 1 (grande)
- Erba cipollina, 1 cucchiaio (tagliata a dadini)
- Sale, un pizzico
- Pepe nero, un pizzico
- Pepe di Caienna, un pizzico
- Spray da cucina come richiesto

DIREZIONI:

1. Preparare il forno a 400F.
2. Aggiungere il cavolfiore in una ciotola.
3. Cuocere nel microonde per due minuti.
4. Lasciatelo da parte per qualche minuto per raffreddarsi.
5. Premere il cavolfiore per spremere l'acqua.

6. Mettetelo in una ciotola asciutta e mescolatelo con il formaggio, l'uovo, l'erba cipollina, il sale e i peperoni per condirlo e saltatelo delicatamente e con cura.

7. Usare lo spray per ingrassare la padella. Aggiungere la miscela di cavolfiore in sei punti sotto forma di piccole porzioni uguali su un vassoio a uguale distanza.

8. Appiattire le porzioni di impasto e farle rosolare per 12 minuti fino a renderle croccanti.

9. Aspettare cinque minuti prima di servire.

NUTRIZIONE: Calorie: 118, Grassi: 8,2 g, Fibre: 1,3 g, Carboidrati: 3 g, Carboidrati netti: 1,7 g, Proteine: 8,8 g

Torte dolci Keto

Tempo di preparazione: 12 minuti

Tempo di cottura: 5 minuti

Dosi: 2

INGREDIENTI:

- Farina di mandorle, 1 tazza
- Farina di cocco, ½ tazza
- Lievito in polvere, 1 cucchiaino
- Miele, 1 cucchiaio
- Sale, un pizzico
- Pepe nero, un pizzico
- La cannella macinata, un pizzico
- Burro, ½ tazza (fuso)
- Crema, 1 cucchiaio da tavola
- Uova, 3 (a temperatura ambiente)

DIREZIONI:

1. Prendete una terrina e aggiungete tutti gli ingredienti secchi, compresa la farina di mandorle, la farina di cocco, il lievito in polvere, il sale e il pepe con la cannella.
2. Ora, sbattete tutti gli ingredienti umidi, compreso il burro, le uova e la panna in una ciotola a parte.
3. Miscelare le due miscele. Combinare senza problemi.
4. Prendere una padella e riscaldare a fuoco medio.

5. Mettere un cucchiaio di composto in un tegame e far cuocere per tre minuti fino a quando ogni lato è marrone.
6. Preparare tutte le frittelle e servirle calde.

NUTRIZIONE: Calorie: 383, Grassi: 33,2 g, Fibre: 3,5 g, Carboidrati: 13,4 g, Carboidrati netti: 9,9 g, Proteine: 15,3 g

Burrito al salmone

Tempo di preparazione: 6 minuti

Tempo di cottura: 4 minuti

Dosi: 2

INGREDIENTI:

- Per base e sapore:
- Erba cipollina tritata, un pizzico
- Cumino essiccato e coriandolo, un pizzico
- Rosmarino tritato, un pizzico di rosmarino
- Sale e pepe a piacere
- Uova, 2 (per formare un rotolo di burrito)
- Olio per friggere le uova
- Per il riempimento:
- Avocado, ½ (pezzi)
- Salmone, ½ tazza (cotto/bollito)
- Spinaci, ¼ di tazza (cotti/bollito)

DIREZIONI:

1. Scegliere una padella e scaldare l'olio a fuoco medio.
2. Mescolare l'uovo in una ciotola con sale e pepe.
3. Unire l'erba cipollina, il rosmarino, il cumino e il coriandolo nell'uovo sbattuto.
4. Friggere l'uovo e spalmarlo su un piatto separato dopo la cottura.

5. Disporre il ripieno sulle uova sparse sui piatti; dividere equamente l'avocado, gli spinaci, il salmone.

6. Arrotolare le uova con il ripieno per formare un burrito e servire.

NUTRIZIONE: Calorie: 331, Grassi: 30 g, Fibre: 3 g, Carboidrati: 10 g, Carboidrati netti: 7 g, Proteine: 11 g

Pane del mattino

Tempo di preparazione: 18 minuti

Tempo di cottura: 25 minuti

Dosi: 2

INGREDIENTI:

- Uova, 3
- Polvere da forno, un pizzico
- Farina di mandorle, 2 cucchiai (finemente macinata)
- Burro, ¼ di tazza (fuso)
- Crema di tartaro, ½ cucchiaio da tavola
- Sale, 1/8 di cucchiaino da tè

DIREZIONI:

1. Raccogliere per rompere le uova in mano e separare i tuorli e gli albumi in due ciotole diverse.
2. Preparare la teglia da forno a 400F. Rivestirla con carta pergamenacea.
3. Mettere il lievito in polvere, il sale e i tuorli d'uovo in un frullatore.
4. Frullare il composto con il burro due volte.
5. Negli albumi, aggiungere la crema di tartaro, sbattere bene.
6. Unire delicatamente i tuorli e le miscele di bianchi.
7. Fare la schiuma e versarla nella teglia.
8. Renderlo marrone dorato per mezz'ora.
9. Inserire uno stuzzicadenti per vedere la preparazione.

10. Eseguire un coltello ai bordi del pane dopo 10 minuti di rimozione dal forno.

11. Usare un coltello per affettare e servire con una bevanda calda.

NUTRIZIONE: Calorie: 241, Grassi: 21 g, Fibre: 3 g, Carboidrati: 5,6 g, Carboidrati netti: 2,6 g, Proteine: 9,7 g

Gnam gnam gnam gnam

Tempo di preparazione: 12 minuti

Tempo di cottura: 28 minuti

Dosi: 2

INGREDIENTI:

- Uovo, 1
- Pancetta, 1 fetta (tritata e cotta)
- Farina di mandorle, 2 cucchiai
- Salsa o avanzi di verdure, ¼ di tazza
- Olio per ingrassare la teglia

DIREZIONI:

1. Preparare una teglia da forno a 350F.
2. Grasso 2 tazze per muffin.
3. Frullare la salsa con la pancetta, la farina di mandorle e l'uovo.
4. Dividere questa miscela miscelata nelle tazze in modo uniforme.
5. Cuocere in forno per 30 minuti fino al termine, usare uno stuzzicadenti per controllare il completamento.
6. Lasciare per 10 minuti e poi servire.

NUTRIZIONE: Calorie: 110, Grassi: 8,2 g, Fibre: 1,1 g, Carboidrati: 2,9 g, Carboidrati netti: 1,8 g, Proteine: 6,7 g

Crepes per la prima colazione

Tempo di preparazione: 5 minuti

Tempo di cottura: 22 minuti

Dosi: 2

INGREDIENTI:

- Uova, 2 (sbattute)
- Formaggio cremoso, 2 once (ammorbidito)
- Burro, 1 cucchiaio da tavola
- La cannella macinata, a piacere
- Qualsiasi sciroppo senza zucchero a piacere (opzionale)

DIREZIONI:

1. Scegliere una terrina e aggiungere le uova con la crema di formaggio.
2. Mescolarlo in una miscela omogenea.
3. Aggiungere sciroppo e cannella a piacere.
4. Scaldare il burro in una padella e aggiungere nella pastella mista.
5. Cuocere a fuoco medio e lasciare sul fuoco per un paio di minuti per ogni lato.
6. Girare con attenzione con una spatola e passare al piatto quando diventa marrone.
7. Servire.

NUTRIZIONE: Calorie: 241, Grassi: 21,8 g, Fibre: 0,6 g, Carboidrati: 2,4 g, Carboidrati netti: 1,8 g, Proteine: 9,6 g

Fusion

Tempo di preparazione: 8 minuti

Tempo di cottura: 8 minuti

Dosi: 2

INGREDIENTI:

- Tortillas di mais, 2 (piccole)
- Fagiolini, ½ tazza
- Uova, 2
- Fette di pancetta 4 (cotte)
- Salsa (qualsiasi cosa ti piaccia o avanzi)
- Olio vegetale, 1 cucchiaio

DIREZIONI:

1. Scegliere una padella e friggere l'olio a fuoco medio
2. Cuocere le tortillas fino a croccante
3. Mescolare i fagioli con pancetta e salsa in una ciotola e metterli nel microonde
4. Spostare le tortillas dalla padella alla piastra
5. Cuocere le uova in padella
6. Aggiungere le uova sulle tortillas e ricoprire con la miscela riscaldata di fagioli e pancetta

NUTRIZIONE: Calorie: 494, Grassi: 32,9 g, Fibre: 5,2 g, Carboidrati: 6,2 g, Carboidrati netti: 1 g, Proteine: 26,6 g

Frullato di mirtilli

Tempo di preparazione: 15 minuti

Tempo di cottura: 0 minuti

Dosi: 2

INGREDIENTI

- 1 tazza di mirtilli freschi
- 1 cucchiaino di estratto di vaniglia
- 28 once di latte di cocco
- 2 cucchiai di succo di limone

DIREZIONI

1. Mettere tutti gli ingredienti in un frullatore e frullare fino ad ottenere un composto omogeneo.
2. Versatelo nei bicchieri per servire e gustare.

NUTRIZIONE: Calorie per porzione: 152 Carboidrati: 6.9g Proteine: 1.5g Grassi: 13.1g Zucchero: 4.5g Sodio: 1mg

Frittelle Quick Keto

Tempo di preparazione: 30 minuti

Tempo di cottura: 3 minuti

Dosi: 2

INGREDIENTI

- 3 once di ricotta
- 2 uova
- ½ cucchiaio di pula di psillio in polvere, macinato
- ½ tazza di panna montata
- 1 oz di burro

DIREZIONI

1. Mescolare tutti gli ingredienti in una ciotola tranne la panna montata e tenere da parte.
2. Scaldare il burro in padella e versare metà del composto.
3. Cuocere per circa 3 minuti su ogni lato e servire in un piatto da portata.
4. Aggiungere la panna montata in un'altra ciotola e frullare fino ad ottenere un composto omogeneo.
5. Ricoprite le frittelle con la panna montata.
6. Suggerimento per la preparazione del pasto: Queste frittelle di keto possono essere usate anche come spuntino. Hanno un sapore fantastico se servite fredde.

NUTRIZIONE: Calorie per porzione: 298 Carboidrati: 4,8g Proteine: 12,2g Grassi: 26g Zucchero: 0,5g Sodio: 326mg

Quiche di spinaci

Tempo di preparazione: 15 minuti

Tempo di cottura: 0 minuti

Dosi: 2

INGREDIENTI

- 1½ tazze e mezza di formaggio Monterey Jack, tritato
- ½ cucchiaio di burro, fuso
- 5 once di spinaci surgelati, scongelati
- Sale e pepe nero appena macinato, a piacere
- 2 uova biologiche, sbattute

DIREZIONI

1. Preriscaldare il forno a 350 gradi e ingrassare leggermente un piatto da torta da 9 pollici.
2. Scaldare il burro a fuoco medio-basso in una padella grande e aggiungere gli spinaci.
3. Cuocere per circa 3 minuti e mettere da parte.
4. Mescolare insieme formaggio Monterey Jack, uova, spinaci, sale e pepe nero in una ciotola.
5. Trasferire il composto in una tortiera preparata e metterlo in forno.
6. Infornare per circa 30 minuti servire tagliando a cunei di uguali dimensioni.

NUTRIZIONE: Calorie per porzione: 349 Carboidrati: 3,2g Proteine: 23g Grassi: 27,8g Zucchero: 1,3g Sodio: 532mg

Crepes alla crema

Tempo di preparazione: 25 min.

Tempo di cottura: 0 minuti

Dosi: 2

INGREDIENTI

- 1 cucchiaino da tè Splenda
- 2 cucchiai di farina di cocco
- 2 cucchiai di olio di cocco, fuso e diviso
- 2 uova biologiche
- ½ tazza di panna pesante

DIREZIONI

1. Mettete 1 cucchiaio di olio di cocco, uova, Splenda e sale in una ciotola e sbattete fino a quando non saranno ben combinati.
2. Setacciare la farina di cocco lentamente e battere costantemente.
3. Mescolare la crema pesante e sbattere continuamente fino a quando il composto non è ben combinato.
4. Scaldare una padella antiaderente e versarvi metà del composto.
5. Cuocere per circa 2 minuti su ogni lato e ripetere con il resto del composto.
6. Piatto fuori per servire e godere.

---

7. Per la preparazione del pasto, avvolgere ogni crêpe di panna in pezzi di carta cerata e metterli in un sacchetto richiudibile. Congelare fino a 3 giorni e togliere dal congelatore. Servire a microonde per circa 2 minuti.

NUTRIZIONE: Calorie per porzione: 298 Carboidrati: 8g Proteine: 7g Grassi: 27.1g Zucchero: 2.4g Sodio: 70mg

Ciotola per frullati

Tempo di preparazione: 15 minuti

Tempo di cottura: 0 minuti

Dosi: 2

INGREDIENTI

- ¼ di tazza di latte di mandorla non zuccherato
- 1 tazza di fragole congelate
- ½ tazza di yogurt greco puro senza grassi
- 1 cucchiaio di noci, tritate
- ½ cucchiaio di proteine del siero di latte in polvere non zuccherate

DIREZIONI

1. Mettere le fragole in un frullatore e pulsare fino a quando non sono lisce.
2. Aggiungere il latte di mandorla, lo yogurt greco e le proteine del siero di latte in polvere nel frullatore e battere per circa 2 minuti.
3. Trasferire il composto uniformemente in 2 ciotole e guarnire con le noci per servire.
4. Potete avvolgere le ciotole con pellicola di plastica e conservare in frigorifero per 2 giorni per la preparazione dei pasti.

NUTRIZIONE: Calorie per porzione: 71 Grassi: 19g Carboidrati: 6.3g Proteine: 6.8g Zucchero: 0.7g Sodio: 65mg

Frittelle diaboliche

Tempo di preparazione: 25 min.

Tempo di cottura: 0 minuti

Dosi: 2

INGREDIENTI

- 2 once di formaggio cremoso, ammorbidito
- ½ pacchetto stevia
- 2 uova biologiche
- ½ cucchiaino di cannella macinata

DIREZIONI

1. Frullare tutti gli ingredienti in un frullatore fino ad ottenere un composto omogeneo e tenerlo da parte per circa 3 minuti.
2. Riscaldare una padella a fuoco medio e metà della miscela, distribuendola in modo uniforme.
3. Cuocere per circa 2 minuti su ogni lato fino a quando non diventa dorato.
4. Ripetere con il resto del composto e servire.
5. Per la preparazione dei pasti, è possibile refrigerare queste frittelle per circa 4 giorni. Metteteli in un contenitore e mettete della carta cerata tra ogni frittella.

NUTRIZIONE: Calorie per porzione: 163 Grassi: 14,3g Carboidrati: 1,6g Proteine: 7,7g Zucchero: 0,6 g Sodio: 324mg

Muffin al formaggio

Tempo di preparazione: 45 min.

Tempo di cottura: 0 minuti

Dosi: 2

INGREDIENTI

- ¼ di tazza di semi di canapa grezzi
- ¼ di cucchiaino di lievito in polvere
- 1/8 di tazza di fiocchi di lievito nutritivo
- ¼ di tazza di parmigiano, grattugiato finemente
- 3 uova biologiche, sbattute
- ¼ di tazza di farina di mandorle
- 1/8 di tazza di farina di semi di lino
- Sale, a piacere
- ¼ di tazza di ricotta magra

- ¼ di tazza di scalogno, tagliato sottile

DIREZIONI

1. Preriscaldare il forno a 360 gradi e ingrassare 2 tazze di muffin.
2. Unire in una ciotola la farina di mandorle, i semi di lino, i semi di canapa, il lievito in polvere e il sale e mescolare bene.
3. Mescolare insieme ricotta, parmigiano, fiocchi di lievito nutritivo e uova in un'altra ciotola.
4. Unire il composto di formaggio e mandorle e mescolare fino ad ottenere una buona combinazione.
5. Ripiegare gli scalogni e versare questo composto nelle coppette di muffin unte.
6. Trasferire in forno e cuocere per circa 30 minuti.
7. Per servire subito caldi o per la preparazione dei pasti, potete mettere in frigorifero i muffin in frigorifero per 3-4 giorni, coprendoli con un tovagliolo di carta e riscaldandoli di nuovo prima dell'uso.

NUTRIZIONE: Calorie per porzione: 179 Grassi: 10.9g Carboidrati: 6.9g Proteine: 15.4g Zucchero: 2.3g Sodio: 311mg

PIATTI PRINCIPALI

Seno d'anatra

Tempo di preparazione: 1 ora

Tempo di cottura: 1 ora. 5 min.

Porzioni: 3

INGREDIENTI:

- 2 t. olio d'oliva
- 3 (6 oz.) petti d'anatra a pelle d'anatra
- 3 t. foglie di timo

DIREZIONE:

1. Non tagliate tutta la carne, ma fate delle strisce trasversali sul petto. Agitare il timo, il sale e il pepe sul lato della carne e metterli in tre sacchetti separati. Rilasciare l'aria e sigillare. Mettere in frigorifero per 1 ora.

2. Preparare il fornello Sous Vide (135°F) con un bagno d'acqua.

3. Immergere l'anatra nell'acqua (nel sacchetto) per 1 ora.

4. Togliere il petto d'anatra dal sacchetto quando il tempo è scaduto e aggiungerlo ad una padella (a fuoco medio) calda insieme all'olio.

5. Sear fino a quando non è marrone dorato e lasciarlo riposare circa 3 minuti prima di servirlo. Servire e gustare!

Costolette di agnello al rosmarino

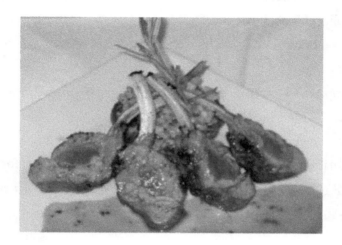

Tempo di preparazione: 1 ora

Tempo di cottura: 2 ore.

Porzioni: 3

INGREDIENTI:

- 3 spicchi d'aglio schiacciati
- 1 t. di sale
- 1 cucchiaio di ciascuno:
- Pepe di Caienna
- Rosmarino appena frantumato

- Foglie di timo appena frantumate
- ½ c. olio d'oliva
- 3 (1 ½ pollice) costolette di agnello

DIREZIONE:

1. Unire le spezie (rosmarino, timo, cayenna e sale) con l'aglio e l'olio. Mescolare bene e aggiungere le braciole. Spalmare bene la carne di maiale e lasciarla marinare in frigorifero per 1 ora.

2. Dopo questo tempo, aggiungere i fissaggi a una grande borsa Sous Vide e sigillare.

3. Immergere nel fornello preparato (154°F) per 2 ore.

4. Aprite il sacchetto e servite con i vostri contorni preferiti.

NUTRIZIONE: Calorie: 242 Grassi: 13 g Carboidrati netti: 0 g Proteine: 29,4 g

Sous Video Agnello arrosto

Tempo di preparazione: 1 ora

Tempo di cottura: 1 ora. 6 min.

Porzioni: 4

INGREDIENTI:

- 2 libbre di cosciotto d'agnello
- 2 t. di sale
- 3 cucchiai di olio extravergine di oliva
- 1 cucchiaio di prezzemolo fresco tritato finemente

DIREZIONE:

1. Sciacquare e asciugare la carne. Strofinare con l'olio e aggiungere una spolverata di sale.

2. Aggiungere la carne in un sacchetto Ziploc e togliere l'aria. Chiudere e cuocere per 1 ora a 144°F (med-rare) o 158°F (ben cotta).

3. Trasferire su un piatto d'argento quando il timer ronza e cospargere con il prezzemolo.

NUTRIZIONE: Calorie: 512 Carboidrati netti: 0,1 g Grassi: 27,1 g Proteine: 63,7 g

Bistecca di manzo alla pera

Tempo di preparazione: 3 ore

Tempo di cottura: 3 ore e 8 min.

Porzioni: 3

INGREDIENTI:

- Un pizzico di sale e pepe
- 3 (6 oz.) bistecche di manzo e pera
- 4 spicchi d'aglio tritati
- 2 cucchiai di olio d'oliva
- 4 rametti freschi di timo
- 4 cucchiai di burro non salato

DIREZIONE:

1. Preparate il bagno d'acqua e aggiungete il Sous Vide Cooker. Impostare la temperatura a 135°F.
2. Agitare il sale e il pepe sulla carne di manzo e metterla in tre sacchetti sottovuoto sigillabili. Rilasciare l'aria con lo spostamento dell'acqua e sigillare.
3. Gettate il sacchetto nel bagnomaria e preparatelo per 3 ore.
4. Una volta fatto, rimuovere la carne di manzo e asciugarla. Salare e pepare di nuovo la carne.
5. Versate l'olio in una padella e lasciatelo riscaldare (calore medio) fino a quando non sarà caldo.
6. Disporre le bistecche nella padella insieme al burro, al timo e all'aglio.
7. Sear per 3 minuti per ogni side-basting come si cucina.
8. Servire quando ha raggiunto la donazione desiderata.

NUTRIZIONE AL SERVIZIO: Calorie: 60 Carboidrati netti: 5 g Grassi: 1,5 g Proteine: 7 g

Hamburger all'aglio cilantro

Tempo di preparazione: 15 minuti

Tempo di cottura: 55 min.

Porzioni: 4

INGREDIENTI:

- ¼ di c. di ciascuno:
- Lenticchie inzuppate
- Olio d'oliva-diviso
- 1 libbra di carne magra macinata
- 3 spicchi d'aglio schiacciati
- 3 uova montate
- 2 cucchiai di pangrattato di grano saraceno
- 1 cucchiaio di coriandolo tritato finemente

DIREZIONE:

1. Unire tutti i fissaggi (solo 3 cucchiai di olio) in una ciotola di miscelazione. Formare in 4 hamburger.
2. Posizionare su una superficie leggermente infarinata. Aggiungere ad un sacchetto Sous Vide e sigillare.
3. Immergere nella pentola per 40 minuti (123°F).
4. Riscaldare il resto dell'olio in una padella e far rosolare gli hamburger fino a renderli croccanti (2-3 minuti).
5. Servire come piace a te.

NUTRIZIONE: Calorie: 407 Carboidrati netti: 6,7 g Grassi: 21 g Proteine: 42 g

---

Bistecca Tri-Tip all'aglio e soia

Tempo di preparazione: 4 minuti

Tempo di cottura: 2 ore e 9 min.

Dosi: 2

INGREDIENTI:

- 1,5 libbre di bistecca tri-tip
- 6 spicchi d'aglio
- Pepe e sale a piacere
- 2 cucchiai di salsa di soia

DIREZIONE:

1. Impostare la temperatura del bagno d'acqua (130°F) utilizzando la macchina Sous Vide.
2. Agitare il sale e il pepe sulla bistecca e metterla in un sacchetto sottovuoto. Versare la soia.
3. Rilasciare l'aria e sigillare il sacchetto. Mettere nella pentola per 2 ore. Quando il tempo è finito, aprire il sacchetto.
4. Riscaldare una padella in ghisa (impostazione alta). Indossare la bistecca per 4 minuti (tempo totale). Affettare e gustare con un'insalata fresca.

NUTRIZIONE: Calorie: 71 Carboidrati netti: 0 g Grassi: 4,26 g Proteine: 7,74 g

Polpette all'aglio

Tempo di preparazione: 1 ora

Tempo di cottura: 1 ora e 25 min.

Porzioni:3

INGREDIENTI:

- 2 spicchi d'aglio schiacciati
- 1 libbra di carne macinata
- 1 uovo grande
- 2 cucchiai. EVOO
- 1 med. rapa
- 1 t. sale marino

DIREZIONE:

1. Combinare tutti i fissaggi e mescolare bene fino ad incorporare.
2. Modellare il composto in piccole polpette di carne e aggiungere in un sacchetto di tipo Ziploc.
3. Sigillare sottovuoto per rimuovere l'aria e cuocere a 129°F nel bagno d'acqua Sous Vide per 1 ora.
4. Togliere e godere come ti piace!

NUTRIZIONE: Calorie: 399 Carboidrati netti: 2,6 g Grassi: 20,5 g Proteine: 48,5 g

Kebab di manzo macinato

Tempo di preparazione: 47 minuti

Tempo di cottura: 1 ora. 12 min.

Porzioni: 4

INGREDIENTI:

- 2 cipolle grandi
- 1 libbra di carne magra macinata
- 2 spicchi d'aglio schiacciati
- 2 cucchiai di ciascuno:
- Olio d'oliva
- Farina multiuso
- 1 cucchiaio di ciascuno:
- Prezzemolo fresco
- Pasta di pomodoro
- ¼ t. pepe nero
- ½ t. di sale

DIREZIONE:

1. Combinare tutti gli ingredienti, mescolando bene.
2. Modellare la miscela in palline della dimensione di un morso. Premerle delicatamente al centro.
3. Trasferirli in una grande borsa Ziploc e cuocerli a 129°F per 2 ore.
4. Servire e gustare con un po' di yogurt greco.

NUTRIZIONE: Calorie: 321 Carboidrati netti: 9,4 Grassi: 14 g Proteine: 35,9 g

Bistecche ai funghi

Tempo di preparazione: 30 minuti

Tempo di cottura: 2 ore.

Dosi: 2

INGREDIENTI:

- 3 cucchiai di olio extravergine di oliva
- 1 libbra di bistecche di manzo
- 1 c. funghi a bottone
- 1 t. di ciascuno:
- Rosmarino fresco tritato finemente
- Sale
- 2 t. formaggio erborinato

DIREZIONE:

1. Sciacquare le bistecche e strofinare con l'olio. Dare loro una spolverata di rosmarino e sale. Disporre ognuna di esse in un sacchetto Ziploc, togliere l'aria e sigillare.
2. Impostare il timer per 2 ore a 154°F. Al termine, togliere dal fornello dell'acqua e metterlo di lato.
3. Scaldare 1 cucchiaio di olio in una padella calda e sciogliere il formaggio erborinato. Mettere i funghi e la bistecca. Cuocere per circa 5 minuti fino a quando i funghi non si saranno ammorbiditi e le bistecche saranno rosolate a vostro piacimento.

NUTRIZIONE: Calorie: 561 Carboidrati netti: 1 g Grassi: 29,1 g Proteine: 70,5 g

Costolette di manzo al vino rosso

Tempo di preparazione: 15 minuti

Tempo di cottura: 6 ore.

Porzioni: 3

INGREDIENTI:

- 1 libbra di costolette di manzo
- 2 cucchiai di olio d'oliva
- ¼ di t. di pepe
- ½ t. di sale
- 1 t. sciroppo d'acero
- ¼ di c. di ciascuno:
- Vino rosso

- Aceto di sidro di mele
- ½ c. di ciascuno:
- Pasta di pomodoro
- Stock di manzo
- 1 spicchio d'aglio tritato

DIREZIONE:

1. Sciacquare e drenare le costole. Cospargere con il pepe e il sale. Aggiungere il vino, le costolette, il brodo di manzo, l'aceto, il concentrato di pomodoro e lo sciroppo d'acero in un sacchetto tipo Ziploc.

2. Impostare il timer per 6 ore a 140°F. Togliere dal fornello dell'acqua e mettere da parte per ora.

3. Preparare una padella grande con l'olio (med-high) e aggiungere l'aglio.

4. Saltare in padella fino a quando non è traslucido e aggiungere le costolette per 10 minuti.

5. Gustatevelo con un po' di cavolo tritato.

NUTRIZIONE: Calorie: 453 Carboidrati netti: 8,7 g Grassi: 23,2 g Proteine: 45,9 g

Bistecca di filetto e purè di rape

Tempo di preparazione: 25 min

Tempo di cottura: 1 ora.

Porzioni: 4

INGREDIENTI:

- 2 libbre di rape a dadini
- 4 bistecche di controfiletto
- 4 cucchiai di burro
- Da assaggiare: Sale e pepe
- Per Searing: Olio d'oliva

DIREZIONE

1. Mettete il fornello Sous Vide in un bagno d'acqua preparato. Impostare la temperatura a 128°F.

2. Aggiungete il sale e il pepe alle bistecche e gettatele in un sacchetto sottovuoto. Utilizzare la tecnica dello spostamento dell'acqua per liberare l'aria dal sacchetto. Immergetevi nel bagno, impostando il timer per 1 ora.

3. Preparare una pentola di acqua bollente e cuocere le rape per circa 10 minuti. Sforzarle e sistemarle in un recipiente di miscelazione. Mescolare il burro e schiacciare con un frullato di sale e pepe.

4. Quando il timer ronza, togliete la bistecca dal sacchetto e picchiettatela con un po' di sale e pepe. Cuocere in un tegame d'olio caldo per circa 2 minuti (a fuoco medio) per lato.

---

5. Godetevi le rape e le bistecche per un gustoso cambio di ritmo.

NUTRIZIONE: Calorie: 374 Carboidrati netti: 10,68 g Grassi: 14,79 g |Proteine: 18,16 g

Peperoni ripieni

Tempo di preparazione: 30 min

Tempo di cottura: 2 ore.

Porzioni: 6

INGREDIENTI:

- 1 libbra di carne macinata
- 6 peperoni med.
- 1 med. di ogni singolo tritato:
- Cipolla
- Pomodoro
- 3 cucchiai. EVOO
- ½ t. di ciascuno:
- Pepe di Caienna macinato
- Sale
- ¼ t. pepe nero

DIREZIONE:

1. Tagliare a fette e togliere i semi dai peperoni, sciacquare e mettere da parte.
2. Unire in una terrina il pomodoro, le cipolle, la cayenna, il pepe, il sale e l'olio d'oliva.
3. Per ogni peperone, aggiungere 2 cucchiai della miscela di manzo e sistemarli in un sacchetto tipo Ziploc. Preparare a 140°F per 2 ore nel fornello Sous Vide.

---

4. Togliere dal sacchetto di cottura e mettere in frigorifero per circa 30 minuti prima di servire.

NUTRIZIONE: Calorie: 250 Carboidrati netti: 9,3 g Grassi: 12,1 g Proteine: 24,5 g

Verde Collard ripieno

Tempo di preparazione: 15 minuti

Tempo di cottura: 1 ora.

Porzioni: 3

INGREDIENTI:

- 1 libbra di ciascuno:
- Carne di manzo magra macinata
- Collard green al vapore
- 1 piccola cipolla tritata
- 1 cucchiaio di olio d'oliva
- ½ t. di sale
- ¼ t. di pepe nero appena macinato
- 1 t. di menta fresca tritata finemente

DIREZIONE:

1. Cuocere le verdure al vapore in una pentola di acqua bollente (2-3 minuti). Scolateli e strizzateli delicatamente per rimuovere il liquido e metteteli da parte per ora.

2. Unire la cipolla, la carne di manzo, l'olio, il pepe, il sale e la menta. Mescolare bene e disporre le foglie sul lato del tavolo di lavoro, con il lato della vena rivolto verso l'alto.

3. Preparare ogni foglia con 1 cucchiaio di carne sul fondo centrale. Piegare i lati e rimboccare bene. Aggiungere in un sacchetto con cerniera larga e togliere l'aria.

---

4. Cuocere nel fornello Sous Vide a 167ºF per 45 minuti.

5. Servire con il vostro contorno preferito.

NUTRIZIONE: Calorie: 373 Carboidrati netti: 5,1 g Grassi: 15,2 g Proteine: 49,5 g

Costoletta di pomodoro e Jalapeno arrosto

Tempo di preparazione: 37 min

Tempo di cottura: 1 ora.

Porzioni: 4

INGREDIENTI:

- 2 pezzi (3 libbre) di costolette di manzo
- ½ c. di ciascuno:
- Salsa barbecue
- Miscela di Jalapeno e pomodoro
- 1 t. di sale e pepe

DIREZIONE:

1. Arrostire e schiacciare i chiodi di garofano. Tagliare le costole a metà. Preparare un bagno d'acqua e aggiungere il fornello Sous Vide (140°F.).

2. Strofinare generosamente le costole con il pepe e il sale. Aggiungere in un sacchetto sottovuoto, liberare l'aria e sigillare.

3. Buttatevi nella vasca da bagno per 1 ora. Una volta trascorso il tempo, rimuovere il sacchetto. Aggiungere il resto dei fissaggi in un contenitore e mescolare bene.

4. Una volta che le costole si sono raffreddate (30 minuti), riscaldare la griglia con il calore medio.

5. Coprire le costolette con la salsa e cercare per 2 minuti per lato.

6. Siate orgogliosi e servite.

NUTRIZIONE: Calorie: 250 Carboidrati netti: 0 g Grassi: 15 g Proteine: 26 g

CONTORNI

Piatto di melanzane e pomodoro

Tempo di preparazione: 25 minuti

Tempo di cottura:

Al servizio: 4

INGREDIENTI:

- 1 pomodoro, a fette
- 1 melanzana, tagliata a rondelle sottili
- Un filo d'olio d'oliva
- 1/4 di tazza di parmigiano, grattugiato
- Sale e pepe nero a piacere.

DIREZIONI:

1. Mettere le fette di melanzane su una teglia foderata, irrorare con un filo d'olio e cospargere metà del parmigiano.
2. Tagliare le melanzane a fette con quelle al pomodoro, condire con sale e pepe a piacere.
3. E cospargere il resto del formaggio.
4. Introdurre nel forno a 4000 F e cuocere per 15 minuti
5. Dividere tra i piatti e servire caldo come contorno.

NUTRIZIONE AL SERVIZIO: Calorie: 55 Grassi: 1 g Carboidrati netti: 0,5 g Proteine: 7 g

Pasta e Verdure al Peperoncino

Tempo di preparazione: 15 minuti

Tempo di cottura: 25 minuti

Al servizio: 4

INGREDIENTI:

- 1 tazza di funghi a fettine bianche a bottone
- 1 tazza di mozzarella tritata
- 1 tazza di peperone tritato
- 1 tuorlo d'uovo
- 1 cucchiaio di olio d'oliva
- 1 zucca gialla, tritata
- 1 cipolla rossa a fette
- Sale e pepe nero a piacere
- ¼ cucchiaini di fiocchi di peperoncino rosso
- 1 tazza di salsa marinara
- 1 tazza di mozzarella grattugiata
- 1 tazza di parmigiano grattugiato
- ¼ di tazza di basilico fresco tritato

DIREZIONI:

1. Mozzarella al microonde per 2 minuti.
2. Togliere la ciotola e lasciare raffreddare per 1 minuto. Mescolare il tuorlo d'uovo fino a quando non è ben combinato.

---

3. Stendere una carta pergamenacea su una superficie piana, versarvi sopra la miscela di formaggio e coprire con un'altra carta pergamena.

4. Appiattire la pasta in uno spessore di 1/8 di pollice. Togliete la carta pergamena e tagliate la pasta in pezzi della dimensione di una penna.

5. Mettetelo in una ciotola e mettetelo in frigo per tutta la notte. Portare ad ebollizione 2 tazze d'acqua e aggiungere le penne. Cuocere per 1 minuto e scolare; mettere da parte.

6. Scaldare l'olio d'oliva in una padella e far soffriggere peperoni, aglio, zucca, cipolla e funghi.

7. Cuocere per 5 minuti. Condite con sale, pepe e scaglie di peperoncino rosso.

8. Mescolare nel sugo alla marinara e cuocere per 5 minuti. Mescolare in penne e spalmare sopra la mozzarella e il parmigiano. Cuocere in forno per 15 minuti. Servire.

NUTRIZIONE AL SERVIZIO: Calorie: 248 Grassi: 12 g Carboidrati netti: 4,9 g Proteine: 27g

Zucchine ripiene al formaggio

Tempo di preparazione: 50 minuti

Tempo di cottura: 27 minuti

Al servizio: 4

INGREDIENTI:

- 4 zucchine
- 1 tazza di passata di pomodoro
- 2 spicchi d'aglio, tritati
- 1 piccola cipolla gialla, tritata finemente
- 1 cipolla rossa piccola, tritata finemente
- 1 carota grande, tritata
- ½ tazza di Cheddar Cheese, tritato

- 2 cucchiai di olio di colza
- 1 peperone rosso, tagliato a dadini
- ½ cucchiaino di origano
- ½ cucchiaino di paprika
- Foglie di basilico fresco, per guarnire
- Sale e pepe, a piacere

DIREZIONI:

1. Tagliare le zucchine a metà. Poi, con un cucchiaio, togliete la polpa delle metà delle zucchine, ma lasciatene un po' sul fondo.

2. Tagliare a dadini la polpa delle zucchine in piccoli pezzi. Mettere da parte.

3. Condite le zucchine con sale e pepe. Disporre le zucchine su una teglia coperta da una teglia da forno.

4. In una padella media preriscaldare l'olio di colza. Aggiungere l'aglio tritato, la carota tritata, la polpa di zucchine tagliata a dadini, il peperone rosso tagliato a dadini e la cipolla gialla e rossa tritata finemente. Cuocere a fuoco lento.

5. Condite con origano, paprika, sale e pepe. Mescolare bene. Aggiungere poi la salsa di pomodoro e far cuocere per 7 minuti.

6. Riempire le zucchine con la salsa e guarnire con il formaggio cheddar a pezzetti. Cuocere per 20 minuti o fino a doratura in forno preriscaldato a 4000 F.

7. Servire e guarnire con foglie di basilico fresco. Buon appetito!

NUTRIZIONE AL SERVIZIO: Calorie: 204 Grassi: 15,2g Carboidrati netti: 6,3 g Proteine: 6,3g

---

Insalata croccante di pancetta con mozzarella e pomodoro

Tempo di preparazione: 10 minuti

Tempo di cottura: 5 minuti

Servizio: 2

INGREDIENTI:

- 1 pomodoro grande, a fette
- 4 foglie di basilico
- 8 fette di mozzarella
- 2 cucchiaini di olio d'oliva
- 6 fette di pancetta, tritate
- 1 cucchiaino di aceto balsamico
- Sale marino, a piacere

DIREZIONI:

1. Mettere la pancetta in una padella a fuoco medio e cuocere fino a quando non sarà croccante.
2. Dividere le fette di pomodoro in due piatti da portata.
3. Disporre le fette di mozzarella sopra e sopra le foglie di basilico.
4. Aggiungere la pancetta croccante in cima, irrorare con olio d'oliva e aceto.
5. Cospargere di sale marino e servire.

NUTRIZIONE: Calorie: 279 Grassi: 26 g Carboidrati netti: 1,5 g Proteine: 21 g

---

Cavolo stufato indiano

Tempo di preparazione: 30 minuti

Tempo di cottura:

Al servizio: 3

INGREDIENTI:

- 6 once di salsiccia Goan salsiccia Goan, affettata
- 2 spicchi d'aglio, finemente tritato
- 1 cucchiaino di miscela di spezie indiane
- 1 libbra di cavolo bianco, foglie esterne rimosse e finemente triturate
- 3/4 di tazza di crema di sedano

DIREZIONI:

1. Riscaldare un wok di grandi dimensioni su una fiamma moderata. Ora, scottate la salsiccia Goan chorizo fino a quando non sarà più rosa; riservatela.

2. Cuocete l'aglio e la spezia indiana mescolati nelle colature della padella fino a renderli aromatici. Mescolare ora la zuppa di cavolo e la crema di sedano.

3. Girare la temperatura a medio-bassa, coprire e continuare a far bollire a fuoco lento per altri 22 minuti o fino a quando non è tenera e riscaldata.

4. Aggiungete la salsiccia di Goan riservata; mettete il mestolo in ciotole individuali e servite. Buon appetito!

NUTRIZIONE: Calorie: 235 Grassi: 17,7 g Carboidrati netti: 6,1 g Proteine: 9,8 g

Spaghetti al formaggio arrosto di verdure:

Tempo di preparazione: 45 minuti

Tempo di cottura:

Al servizio: 4

INGREDIENTI:

- Confezioni da 2 (8 oz.) spaghetti shirataki
- 1 tazza di peperoni misti tritati
- ½ tazza di parmigiano grattugiato per condimento
- 1 libbra di asparagi, tritati
- 1 tazza di fiori di broccoli
- 1 tazza di fagiolini, tritati
- 3 cucchiai di olio d'oliva
- 1 cipolla piccola, tritata
- 2 spicchi d'aglio, tritati
- 1 tazza di pomodori a dadini
- ½ tazza di basilico tritato

DIREZIONI:

1. Far bollire 2 tazze d'acqua in una pentola. Scolate la pasta shirataki e sciacquatela bene sotto l'acqua corrente calda.

2. Lasciare sgocciolare e versare la pasta shirataki nell'acqua bollente. Cuocere per 3 minuti e scolare di nuovo.

3. Mettere una padella asciutta e soffriggere la pasta shirataki fino a quando non sarà visibilmente asciutta, 1-2 minuti; mettere da parte.

4. Preriscaldare il forno a 4250 F. In una terrina, aggiungere asparagi, broccoli, peperoni e fagiolini e mescolare con metà dell'olio d'oliva, sale e pepe.

5. Stendere le verdure su una teglia da forno e arrostire per 20 minuti. Riscaldare il restante olio d'oliva in una padella e far soffriggere cipolla e aglio per 3 minuti.

6. Mescolare i pomodori per 8 minuti. Mescolare in shirataki e verdure. Aggiungere il parmigiano e servire.

NUTRIZIONE AL SERVIZIO: Calorie: 272 Grassi: 12 g Carboidrati netti: 7,2 g Proteine: 12 g

Spinaci freschi con salsa di pomodoro

Tempo di preparazione: 20 minuti

Tempo di cottura:

Al servizio: 6

INGREDIENTI:

- 5 tazze di spinaci, tritati
- 3 spicchi d'aglio, tagliati a dadini
- Sale e pepe, a piacere
- 2 cipolle piccole, tritate
- 3 cucchiai di burro

- 1 cucchiaino di origano essiccato
- 1 cucchiaino di basilico essiccato
- 1 tazza di passata di pomodoro
- 1/3 tazza di acqua
- ½ tazza di formaggio di capra sbriciolato
- 1 peperone jalapeno, tritato (opzionale)

DIREZIONI:

1. Preriscaldare una pentola grande a fuoco medio e aggiungere il burro.

2. Mescolare la cipolla tritata e l'aglio tagliato a dadini. Far soffriggere per 1-2 minuti. Poi aggiungere l'acqua, la passata di pomodoro, il basilico secco, l'origano, il sale e il pepe a piacere. Mescolare bene.

3. Mescolare gli spinaci e cuocere ancora per 2 minuti. Aggiungere poi il formaggio di capra sbriciolato e far cuocere ancora per 1 minuto.

4. Aggiungere il peperone jalapeno e servire.

NUTRIZIONE AL SERVIZIO: Calorie: 292 Grassi: 9,4 g Carboidrati netti: 6,1 g Proteine: 4,8 g

Cavolo di mandorla aromatico e purè di zucchine

Tempo di preparazione: 25 minuti

Tempo di cottura: 15 minuti

Servire: 6

INGREDIENTI:

- 1/2 tazza di mandorle macinate
- 1 bicchiere e 1/2 di acqua
- 1 cucchiaino di cumino macinato
- 1 cucchiaino di curcuma in polvere
- Sale e pepe nero macinato
- 1 cucchiaio di zenzero appena grattugiato
- cavolo riccio da 4 oz.
- 2 cucchiai di olio d'oliva
- 2 zucchine grandi
- Succo di 1 limone
- 1 scalogno tritato
- Per servire:
- Menta fresca tritata
- Polvere di peperoncino

DIREZIONI:

1. In una pentola aggiungere acqua, mandorle tritate, cumino, curcuma, zenzero e sale e pepe; portare a ebollizione e cuocere per 10 minuti a bassa temperatura.

2. Aggiungere il cavolo in una pentola e mescolare con un cucchiaio di legno.

3. Riscaldare l'olio d'oliva in una padella a temperatura media.

4. Tagliare le zucchine a fette e farle soffriggere per 2-3 minuti fino a doratura.

5. Mettere le zucchine in una pentola e cospargerle di succo di limone; mescolare per amalgamare bene.

6. Infine, aggiungere lo scalogno tritato in una pentola e mescolare.

7. Servire in piatti caldi con un cucchiaio a fessura.

8. Cospargere con menta e peperoncino in polvere tritata a piacere.

NUTRIZIONE PER SERVIZIO: Calorie: 135,42 Grassi: 10,9 g Carboidrati netti: 5,84 g Proteine: 4 g

Domenica Cavolfiore e prosciutto cotto:

Tempo di preparazione: 25 minuti

Al servizio: 6

INGREDIENTI:

- 1 ½ libbra di cavolfiore, spezzato in piccole cimette
- 1/2 tazza di yogurt alla greca
- 4 uova, sbattute
- 6 once di prosciutto, tagliato a dadini
- 1 tazza di formaggio svizzero, preferibilmente grattugiato fresco

DIREZIONI:

1. Mettere il cavolfiore in una pentola profonda; coprire con acqua e portare ad ebollizione a fuoco vivo; ridurre immediatamente il calore a medio-basso.
2. Lasciatelo cuocere a fuoco lento, coperto, per circa 6 minuti. Scolatelo e schiacciatelo con uno schiacciapatate.
3. Aggiungere lo yogurt, le uova e il prosciutto; mescolare fino a quando tutto è ben combinato e incorporato.
4. Raschiare il composto in una casseruola leggermente unta.
5. Ricoprire con il formaggio svizzero grattugiato e trasferire in un forno preriscaldato a 3900 F.
6. Cuocere in forno per 15-20 minuti o fino a quando il formaggio bolle e rosola. Bon appétit!

NUTRIZIONE AL SERVIZIO: Calorie: 236 Grassi: 13,8 g Carboidrati netti: 7,2 g Proteine: 20,3 g

Keto Veggie Noodles

Tempo di preparazione: 30 minuti

Tempo di cottura: 20 minuti

Al servizio: 6

INGREDIENTI:

- 1 zucchina, tagliata con uno spiralizzatore
- 1 squash estivo, tagliato con uno spiralizzatore
- 6 once di peperoni gialli, arancioni e rossi tagliati a strisce sottili
- 4 cucchiai di grasso di pancetta
- 3 spicchi d'aglio, tritati
- 1 carota, tagliata con uno spiralizzatore
- 1 patata dolce, tagliata con uno spiralizzatore
- 4 once di cipolla rossa, tritata.
- Sale e pepe nero a piacere.

DIREZIONI:

1. Spalmare le tagliatelle di zucchine su una teglia da forno foderata.
2. Aggiungere la zucca, la carota, la patata dolce, la cipolla e tutti i peperoni
3. Aggiungere sale, pepe e aglio e mescolare il tutto.

4. Aggiungere il grasso di pancetta, mescolare di nuovo tutti gli spaghetti, introdurre in forno a 4000 F e cuocere per 20 minuti

5. Trasferire nei piatti e servire subito come contorno di keto.

NUTRIZIONE: Calorie: 50 Grassi: 1 g Carboidrati netti: 6 g Proteine: 2 g

Pizza al peperoncino al formaggio

Tempo di preparazione: 40 minuti

Tempo di cottura: 20 minuti

Servizio: 2

INGREDIENTI:

- 6 oz. di mozzarella, grattugiata
- 2 cucchiai di formaggio cremoso
- 2 cucchiai di parmigiano
- 1 cucchiaino di origano
- ½ tazza di farina di mandorle
- 2 cucchiai di pula di psillio

- 4 oz. di formaggio cheddar grattugiato
- ¼ di tazza di salsa marinara
- 2/3 Peperone, affettato
- 1 pomodoro, a fette
- 2 cucchiai di basilico tritato
- 6 olive nere

DIREZIONI:

1. Preriscaldare il forno a 4000 F. Unire tutti gli ingredienti della crosta in una ciotola, tranne la mozzarella. Sciogliere la mozzarella nel microonde.
2. Mescolare nella ciotola e mescolare per combinare. Dividere l'impasto in 2.
3. Stendete le croste in cerchi e mettetele su una teglia da forno foderata. Cuocere per 10 minuti.
4. Top con cheddar, marinara, peperone, pomodoro e basilico. Tornare in forno e cuocere per 10 minuti. Servire con olive.

NUTRIZIONE: Calorie: 510 Grassi: 39 g Carboidrati netti: 3,7 g Proteine: 31 g

Cavolo all'aglio saltato in padella

Tempo di preparazione: 20 minuti

Tempo di cottura: 10 minuti

Al servizio: 3

INGREDIENTI:

- 1/2 cucchiai di olio d'oliva
- 1 cucchiaino di aglio fresco tritato
- Cavolo di cavolo riccio, fatto a pezzi
- 1/2 tazza Ricotta, panna
- 1/2 cucchiaino di sale marino

DIREZIONI:

1. Scaldare l'olio d'oliva in una casseruola a fiamma moderata. A questo punto, cuocere l'aglio fino a quando sarà tenero e aromatico.

2. Quindi, mescolate il cavolo e continuate a cuocere per circa 10 minuti fino a quando tutto il liquido non evapora.

3. Ripiegare il ricotta e il sale; mescolare fino a scaldare il tutto. Buon appetito!

NUTRIZIONE PER SERVIZIO: Calorie: 93 Grassi: 4,4 g Carboidrati netti: 6,1 g Proteine: 7,1g

PESCE

Sunchokes arrostiti alle erbe

Tempo di preparazione: 10 minuti

Tempo di cottura: 45 minuti

Porzioni: 6

INGREDIENTI:

- 2 libbre di carciofi (Carciofi di Gerusalemme)
- 2 cucchiai di olio d'oliva
- 2 chiodi di garofano macinati
- 1 cucchiaino di succo di lime fresco (o da concentrato)
- 2 cucchiai di prezzemolo fresco tritato
- 1 cucchiaio di foglie di menta fresca finemente tritate
- Sale e pepe nero fresco a piacere

DIREZIONI:

1. Preriscaldare il forno a 375° F/0° C.
2. Basta strofinare i sunchokes, pulire, sciacquare e tagliare a pezzetti.
3. Disporre su una teglia da forno insieme a olio d'oliva, aglio e succo di lime.
4. Cuocere i sunchokes per 35 minuti o fino a quando non si ammorbidiscono completamente.
5. Condite con sale e pepe a piacere.

---

6. Cospargere con prezzemolo e menta e servire caldo.

NUTRIZIONE: Calorie:121 Carboidrati: 10.1g Proteine: 6g Grassi: 13g Fibre: 10g

Salmone alla griglia

Tempo di preparazione: 6 minuti

Tempo di cottura: 14 minuti

Porzioni: 4

INGREDIENTI:

- 2 spicchi d'aglio, tritati
- 1 cucchiaio di scorza di limone fresco, grattugiato
- 2 cucchiai di burro, sciolto
- 2 cucchiai di succo di limone fresco
- Sale e pepe nero macinato, secondo necessità
- 4 (6 once) filetti di salmone senza pelle e disossati

DIREZIONI:

1. Preriscaldare la griglia a calore medio-alto. Ingrassare la griglia.
2. In una grande ciotola, mescolare tutti gli ingredienti tranne i filetti di salmone.
3. Aggiungere i filetti di salmone e ricoprire generosamente con il composto di aglio.
4. Mettere le bistecche di salmone sulla griglia e cuocere per circa 6-7 minuti per lato.
5. Servire caldo.

NUTRIZIONE: Calorie 281; Carboidrati netti 0,8 g; Grassi totali 13 g; Grassi saturi 5,2 g; Colesterolo 90 mg; Sodio 157 mg; Carboidrati totali 1 g; Fibre 0,2 g; Zucchero 0,3 g; Proteine 33,3 g

Salmone con aneto

Tempo di preparazione: 10 minuti

Tempo di cottura: 25 minuti

Servizio: 2

INGREDIENTI:

- ¼ di tazza di aneto fresco, tritato e diviso
- 1 cucchiaino di scorza di limone fresco
- ½ cucchiaino di paprika affumicata
- ½ cucchiaino di semi di finocchio, schiacciati leggermente
- Sale e pepe nero macinato, secondo necessità
- 2 (6 once) filetti di salmone senza pelle e disossati

- 1 cucchiaio di succo di limone fresco
- 2 cucchiai di olio d'oliva

DIREZIONI:

1. In una ciotola, mettere 2 cucchiai di aneto, scorza di limone, paprica, semi di finocchio, sale e pepe nero e mescolare bene.
2. Condite uniformemente il filetto di salmone con una miscela di aneto e poi irrorate con succo di limone.
3. Cospargere ogni filetto di salmone con succo di limone.
4. In un wok di grandi dimensioni, scaldare l'olio a fuoco medio.
5. Nel wok, mettere i filetti di salmone in un unico strato.
6. Ridurre il calore al minimo e cuocere per circa 20 minuti.
7. Capovolgere e cuocere ancora per circa 5 minuti.
8. Con un cucchiaio a fessura, trasferire i filetti di salmone su un piatto foderato di carta assorbente per lo scolo.
9. Servire immediatamente con il condimento dell'aneto rimasto.

NUTRIZIONE: Calorie 351; Carboidrati netti 0,4 g; Grassi totali 24,7 g; Grassi saturi 3,6 g; Colesterolo 75 mg; Sodio 155 mg; Carboidrati totali 0,9 g; Fibre 0,5 g; Zucchero 0,3 g; Proteine 33,2 g

Gamberi al curry

Tempo di preparazione: 20 minuti

Tempo di cottura: 21 minuti

Porzioni: 4

INGREDIENTI:

- 2 cucchiai di olio di cocco
- ½ cipolla gialla tritata
- 2 spicchi d'aglio, tritati
- 1 cucchiaino di curcuma macinata
- 1 cucchiaino di cumino macinato
- 1 cucchiaino di paprika
- 1 (14 once) può latte di cocco non zuccherato
- 1 pomodoro grande, tritato finemente
- Sale, come richiesto

- Gamberetti da un chilo, pelati e sbucciati
- 2 cucchiai di coriandolo fresco, tritato

DIREZIONI:

1. Sciogliere l'olio di cocco in un grande wok a fuoco medio e far soffriggere la cipolla per circa 5 minuti.

2. Aggiungere l'aglio e le spezie e far soffriggere per circa 1 minuto.

3. Aggiungere il latte di cocco, il pomodoro e il sale e portare ad ebollizione.

4. Abbassare il calore a bassa temperatura e far bollire lentamente per circa 10 minuti, mescolando di tanto in tanto.

5. Mescolare i gamberi e il coriandolo e far bollire a fuoco lento per circa 4 minuti.

6. Togliere il wok dal fuoco e servire caldo.

NUTRIZIONE: Calorie 359; Carboidrati netti 6 g; Grassi totali 22.g; Grassi saturi 18.9 g; Colesterolo 239 mg; Sodio 353 mg; Carboidrati totali 7 g; Fibra 1 g; Zucchero 3.6 g; Proteine 27.7 g

Salmone imburrato

Tempo di preparazione: 10 minuti

Tempo di cottura: 10 minuti

Porzioni: 4

INGREDIENTI:

- 4 filetti di salmone senza pelle e disossati da 4 (5 once)
- Sale e pepe nero macinato, a piacere
- 1 cucchiaio di olio d'oliva
- 3 cucchiai di burro
- 2 cucchiai di succo di limone
- 2 cucchiai di rosmarino fresco tritato
- 1 cucchiaino di scorza di limone, grattugiato

DIREZIONI:

1. Condite i filetti di salmone con sale e pepe nero in modo uniforme.
2. In un wok antiaderente, scaldare l'olio a fuoco medio.
3. Disporre i filetti di salmone, con la pelle rivolta verso il basso e cuocere per circa 5 minuti, senza mescolare.
4. Capovolgere i filetti di salmone e cuocere per circa 2 minuti.
5. Aggiungere il burro, il succo di limone, il rosmarino e la scorza di limone e far cuocere per circa 2 minuti, cucinando di tanto in tanto la salsa al burro sui filetti di salmone.
6. Servire caldo.

NUTRIZIONE: Calorie 301; Carboidrati netti 0,5 g; Grassi totali 21,2 grassi saturi 4 colesterolo 85 mg; Sodio 165 mg; Carboidrati totali 1,3 g; Fibra 0,8 zucchero 0,2 proteine 27,7 g

Gamberi con asparagi

Tempo di preparazione: 6 minuti

Tempo di cottura: 10 minuti

Porzioni: 4

INGREDIENTI:

- 2 cucchiai di burro
- Asparagi da un chilo, rifilati
- Gamberetti da un chilo, pelati e sbucciati
- 4 spicchi d'aglio tritati
- 2 cucchiai di succo di limone fresco
- 1/3 tazza di brodo di pollo fatto in casa

DIREZIONI:

1. Sciogliere il burro in un grande wok a fuoco medio-alto.
2. Aggiungere tutti gli ingredienti tranne il brodo e cuocere per circa minuti, senza mescolare.
3. Mescolare il composto e cuocere per circa 4 minuti, mescolando di tanto in tanto.
4. Mescolare nel brodo e cuocere per circa 2 minuti.
5. Servire caldo.

NUTRIZIONE: Calorie 217; Carboidrati netti 4,8 g; Grassi totali 8 g; Grassi saturi 4,3 g; Colesterolo 254 mg; Sodio 384 mg; Carboidrati totali 32 g; Fibre 7,2 g; Zucchero 2,2 g; Proteine 29 g

---

Cozze Ala Marinera

Tempo di preparazione: 1 ora

Tempo di cottura: 3 ore

Porzioni: 6

INGREDIENTI:

- 4 libbre di cozze, pulite
- 1 cipolla piccola, tritata
- 1 cucchiaio di paprika macinata
- 2 cucchiai di farina di mandorle
- 1 bicchiere di vino bianco
- 1 tazza di brodo d'ossa
- Un mazzo di prezzemolo fresco tritato
- Sale a piacere
- 2 cucchiai di olio extra vergine di oliva
- 6 foglie di alloro

DIREZIONI:

1. Mettete le cozze nel vostro fornello lento insieme a tutti gli altri ingredienti.
2. Coprire e cuocere in ALTO per ore.
3. Aprire il coperchio, rimuovere le cozze; sbucciare e pulirle.
4. Mettere le cozze in una pentola lenta, coprire e cuocere in ALTO per un'altra ora.
5. Servire.

NUTRIZIONE: Calorie: 310 Carboidrati: 7g Proteine: 42g
Grassi: 8g Fibre: 0.2g

Salmone arrosto con crosta di aneto al parmigiano

Tempo di preparazione: 10 minuti

Tempo di cottura: 10 minuti

Dosi: 2

INGREDIENTI:

- ½ libbra di salmone; tagliato a pezzi
- 1 cucchiaio di aneto
- ¼ di tazza di ricotta
- 1 cucchiaio di olio d'oliva
- ¼ di tazza di parmigiano, grattugiato

DIREZIONI:

1. Preriscaldare il forno a 450°F.
2. Unire la ricotta con il parmigiano, l'olio d'oliva e l'aneto in una ciotola di grandi dimensioni; mescolare bene.
3. Foderare una teglia di grandi dimensioni con un foglio di alluminio e poi, disporre i pezzi di salmone su di essa.
4. Spalmare ½ della ricotta sul salmone.
5. Arrostire in forno preriscaldato fino a quando il pesce si scotta facilmente e la crosta si imbrunisce, per 10 minuti.
6. Servire il pesce cotto con il restante sugo preparato e gustare.

NUTRIZIONE: per porzione:352 Calorie ;22g di grassi totali ;6,6g di grassi saturi ;5. Carboidrati totali ;1,5g di fibre alimentari ;0,5g di zuccheri ;33g di proteine

Salmone al forno Keto con limone e burro

Tempo di preparazione: 30 minuti

Tempo di cottura: 30 minuti

Porzioni: 3

INGREDIENTI:

- 1 libbra di salmone
- 1 limone
- 3 oz. di burro
- 1 cucchiaio di olio d'oliva
- Pepe nero macinato e sale marino a piacere

DIREZIONI:

1. Ungere una teglia di grandi dimensioni con l'olio d'oliva e preriscaldare il forno a 400°F.

2. Mettere il salmone sulla teglia da forno, preferibilmente a testa in giù. Condite generosamente con pepe e sale a piacere.

3. Tagliate sottilemente il limone e mettete le fette sul salmone. Coprire il pesce con ½ del burro, preferibilmente a fette molto sottili.

4. Cuocere in forno fino a quando i fiocchi di salmone non si staccano facilmente con una forchetta ed è opaco, per 25-30 minuti, su un ripiano centrale.

5. Ora, a fuoco moderato in una piccola salsiera; scaldare il burro rimasto fino a quando non comincia a bollire. Togliete immediatamente la padella dal fuoco; mettetela da parte e lasciatela raffreddare un po'. Aggiungere delicatamente un po' di succo di limone appena spremuto.

6. Servire il pesce cotto con un po' di burro al limone preparato e gustare.

NUTRIZIONE: per porzione:5 Calorie ;46g di grassi totali ;22g di grassi saturi ;1.3g di carboidrati totali ;0.4g di fibre alimentari ;0.4g di zuccheri ;31g di proteine

Salmone al forno Keto con pesto

Tempo di preparazione: 25 minuti

Tempo di cottura: 30 minuti

Dosi: 2

INGREDIENTI:

- 1 oz. pesto verde
- ½ libbra di salmone
- Pepe e sale a piacere
- Per la salsa verde:
- ¼ di tazza di yogurt greco
- 1 oz. pesto verde
- ¼ di cucchiaino d'aglio
- Pepe e sale a piacere

DIREZIONI:

1. Preriscaldare il forno a 400°F.
2. Disporre il salmone in una teglia ben sgrassata, preferibilmente con la pelle a testa in giù. Spalmate il pesto sul salmone e poi cospargete con pepe e sale a piacere.
3. Cuocere in forno preriscaldato fino a quando i fiocchi di salmone non si sciolgono facilmente con una forchetta, per 25 minuti.
4. Nel frattempo, mescolate gli ingredienti della salsa intera in una grande ciotola. Servire il pesce cotto con un po' della salsa preparata e gustare.

INFO NUTRIZIONE: per porzione:274 Calorie ;21g di grassi totali ;3,9g di grassi saturi ;2,9g di carboidrati totali ;0,6g di fibre alimentari ;1,7g di zuccheri ;26g di proteine

Gamberi semplici "alla griglia

Tempo di preparazione: 5 minuti

Tempo di cottura: 2 minuti

Porzioni: 4

INGREDIENTI:

- 2 cucchiai di burro fresco ammorbidito
- 1 1/2 libbra e mezzo di gamberetti (21-25, pelati, sbucciati, sbucciati)
- Fiocchi di sale marino
- 1 cucchiaio di dragoncello fresco e cerfoglio finemente tritato
- 1 tazza d'acqua
- Cunei al limone Per servire

DIREZIONI:

1. Aggiungere il burro alla pentola interna in acciaio inossidabile nella pentola istantanea.
2. Aggiungere i gamberi nella pentola istantanea e cospargere con fiocchi di sale marino e dragoncello e cerfoglio tritato.
3. Bloccare il coperchio in posizione e impostare sull'impostazione MANUALE per 2 minuti.
4. Quando il timer emette un segnale acustico, premere "Cancel" e capovolgere con attenzione la valvola di sgancio rapido per far uscire la pressione.
5. Pronti! Servire con spicchi di limone.

NUTRIZIONE: Calorie: Carboidrati: 4g Proteine: 1g Grassi: 6g Fibre: 3g

Salsa di pesce e porri

Tempo di preparazione: 20 minuti

Tempo di cottura: 10 minuti

Dosi: 2

INGREDIENTI:

- 1 porro, tritato
- 2 filetti di trota, tagliati a dadini (circa 8 once)
- 1 cucchiaio di salsa di soia tamari
- 1 cucchiaino di zenzero grattugiato
- 1 cucchiaio di olio di avocado
- Sale a piacere

DIREZIONI:

1. A fuoco moderato in una grande padella; scaldare l'olio di avocado fino a caldo. Una volta fatto, aggiungere e far soffriggere il porro tritato per qualche minuto, fino a quando non si ammorbidisce.

2. Aggiungere immediatamente la trota a dadini con zenzero grattugiato, salsa tamari e sale a piacere.

3. Continuare a far soffriggere la trota fino a quando non è più traslucida e cotta a fuoco lento.

4. Servire immediatamente e godere.

NUTRIZIONE: per porzione:17Calorie ;7.6g Grassi totali ;1.5g Grassi saturi ;5.2g Carboidrati totali ;0.8g Fibre alimentari ;1.7g Zuccheri ;21g Proteine

Stufato di frutti di mare al cocco

Tempo di preparazione: 5 minuti

Tempo di cottura: 2 minuti

Porzioni: 8

INGREDIENTI:

- 1 libbra di filetto di pesce bianco
- 2 pizzico di sale marino
- 2 spicchi d'aglio, finemente tritato
- 1 cucchiaino di coriandolo
- 1 succo di limone appena spremuto
- 2 cucchiai di olio d'oliva
- 2 cipolline tritate finemente

- 1 pomodoro grattugiato
- 1 libbra di gamberetti sbucciati (qualsiasi tipo)
- 2 tazze di latte di cocco non zuccherato
- 1 tazza d'acqua

DIREZIONI:

1. Condite il pesce con sale, aglio, coriandolo e succo di limone.
2. Versate l'olio d'oliva nella vostra pentola istantanea e stratificate i filetti di pesce.
3. Mettere cipolle tritate, pomodori e peperoni e cospargere con un coriandolo.
4. Versare 1/2 tazza d'acqua.
5. Bloccare il coperchio in posizione e impostare sull'impostazione MANUALE per 2 minuti.
6. Quando il timer emette un segnale acustico, premere "Cancel" e capovolgere con attenzione la valvola di sgancio rapido per far uscire la pressione.
7. Aprire il coperchio e aggiungere i gamberetti e il latte di cocco: mescolare per amalgamare bene.
8. Bloccare il coperchio in posizione e impostare sull'impostazione MANUALE per 1 minuto.
9. Utilizzare lo sgancio rapido - ruotare la valvola dalla tenuta allo sfiato per rilasciare la pressione.
10. Servire caldo.

NUTRIZIONE: Calorie: 221 Carboidrati: 4g Proteine: 21g Grassi: 15g Fibre: 0.5g

Stufato di gamberi

Tempo di preparazione: 15 minuti

Tempo di cottura: 20 minuti

Porzioni: 6

INGREDIENTI:

- ¼ di tazza di olio d'oliva
- ¼ di tazza di cipolla, tritata
- ¼ di tazza di peperone rosso arrostito, tritato
- 1 spicchio d'aglio tritato
- 1½ libbra e mezzo di gamberetti crudi, pelati e sbucciati
- 1 (14 once) può pomodori a dadini senza zucchero con peperoncino rosso
- 1 tazza di latte di cocco non zuccherato
- 2 cucchiai Sriracha

- 2 cucchiai di succo di lime fresco
- Sale e pepe nero macinato, a piacere
- ¼ di tazza di coriandolo fresco, tritato

DIREZIONI:

1. In un wok, scaldare l'olio a fuoco medio e far soffriggere la cipolla per circa 4-5 minuti.

2. Aggiungere il peperone rosso e l'aglio e far soffriggere per circa 4-5 minuti.

3. Aggiungere i gamberi e i pomodori e far cuocere per circa 4 minuti.

4. Mescolare il latte di cocco e lo Sriracha e cuocere per circa 5 minuti.

5. Mescolare il succo di lime, il sale e il pepe nero e togliere dal fuoco.

6. Guarnire con coriandolo e servire caldo.

NUTRIZIONE: Calorie 289; Carboidrati netti 6 g; Grassi totali 16 g; Grassi saturi 6,8 g; Colesterolo 239 mg; Sodio 3 mg; Carboidrati totali 7 g; Fibra 1 g Zucchero 3,3 g; Proteine 27,1 g

Branzino alle erbe

Tempo di preparazione: 1 ora

Tempo di cottura: 20 minuti

Dosi: 2

INGREDIENTI:

- 2 (1/4 di libbra) spigole intere; eviscerate, senza branzino, senza branzino, senza branzino e senza pinne
- Sale e pepe nero macinato, a piacere
- 6 foglie di alloro fresco
- 2 rametti di timo fresco
- 2 rametti di prezzemolo fresco
- 2 rametti di rosmarino fresco
- 2 cucchiai di burro, sciolto
- 2 cucchiai di succo di limone fresco

DIREZIONI:

1. Condite uniformemente la cavità e il lato esterno di ogni pesce con sale e pepe nero.
2. Con un involucro di plastica, coprire ogni pesce e mettere in frigorifero per 1 ora.
3. Preriscaldare il forno a 450°F.
4. Ingrassare leggermente una teglia da forno.
5. Disporre 2 foglie di alloro sul fondo della teglia preparata.
6. Dividere i rametti di erbe e le foglie di alloro rimanenti all'interno della cavità di ogni pesce.

7. Disporre i due pesci sopra l'alloro in una teglia da forno e irrorare con il burro.

8. Arrostire per circa 15-20 minuti o fino alla cottura del pesce.

9. Togliete la teglia dal forno e mettete il pesce su un piatto di portata.

10. Cospargere il pesce con succo di limone e servire.

NUTRIZIONE: Calorie 8Net Carboidrati 0.5 g; Grassi totali 26.2 g; Grassi saturi 11.1 g; Colesterolo 331 mg; Sodio 660 mg; Carboidrati totali 0.8 g; Fibre 0.3 g Zucchero 0.4 g; Proteine 134.5 g

POLLAME

Keto Pollo cremoso e funghi

Tempo di preparazione: 5 minuti

Tempo di cottura: 15 minuti

Al servizio: 4

INGREDIENTI:

- 4 cosce di pollo.
- 2 cucchiai di olio di avocado.
- 3/4 di tazza di brodo di pollo.
- 1 tazza di panna da montare pesante o panna da montare al cocco (alternativa non casearia).
- 1/2 cucchiaino di sale marino rosa dell'Himalaya.
- 1/4 di cucchiaino di pepe nero a piacere.
- 1/2 cucchiaino di condimento italiano.
- 1/2 cucchiaino di cipolla in polvere.
- 1/2 cucchiaino di aglio in polvere.
- 8 oz. di funghi a fette.
- 3 tazze di spinaci.

DIREZIONE:

1. Mettere una padella antiaderente a fuoco medio e aggiungere l'olio. Una volta che l'olio è caldo, aggiungere il pollo e far

cuocere per circa sei-otto minuti fino a quando la pelle del pollo diventa di colore dorato e quasi cotto.

2. Mettete il pollo su un piatto pulito e mettetelo da parte. Nella padella aggiungere il brodo di pollo, la panna da montare pesante e le spezie, mescolare bene per combinare, abbassare il fuoco per far bollire a fuoco lento e cuocere per qualche minuto.

3. Aggiungere i funghi e farli cuocere ancora per qualche minuto fino a quando non diventano morbidi. Aggiungere gli spinaci, far cuocere per qualche minuto, aggiungere il pollo mezzo cotto e far cuocere per circa tre o quattro minuti fino a cottura completa. Assicuratevi di mescolare mentre cuocete. Servire.

4. Note

5. Assicura che le verdure utilizzate, cioè gli spinaci, siano molto freschi. L'utilizzo di spinaci essiccati non conferisce alla ricetta il suo colore verde. Lavare gli spinaci e i funghi con acqua pulita prima dell'uso.

NUTRIZIONE: Calorie: 668, grassi: 52g, sodio: 853mg, carboidrati: 10g, carboidrati netti 6g, fibre: 4g, e proteine: 45g.

Delizioso pollo Korma

Tempo di preparazione: 8 minuti

Tempo di cottura: 25 minuti

Al servizio: 3

INGREDIENTI:

- 1/2 tazza di burro di mandorle.
- 2 spicchi d'aglio sbucciato.
- Un pezzo di 1 pollice di radice di zenzero fresco tritato.
- 1½ cucchiai e mezzo di ghee.
- 1/4 di cipolla media e tritata.
- 1/2 cucchiaino di coriandolo per terra.
- 1/2 cucchiaino di garam masala.
- 1/2 cucchiaino di cumino macinato.
- 1/2 cucchiaino di curcuma macinata.
- 1/2 cucchiaino di peperoncino in polvere.
- 2 dadini di petto di pollo senza pelle e senza ossa.
- 1/3 tazza di salsa di pomodoro.
- 1/3 di tazza di brodo di pollo.
- 1/4 di tazza di latte di cocco.
- 1/4 di tazza di yogurt greco semplice non zuccherato o yogurt al latte di cocco (alternativa non casearia).

DIREZIONE:

1. Con l'aiuto di un robot da cucina o di un frullatore ad alta velocità, aggiungere l'aglio e lo zenzero, quindi frullare fino a

quando il composto non diventa liscio. Una volta caldo, aggiungere le cipolle e farle cuocere per circa tre o cinque minuti fino a quando non diventano morbide.

2. Aggiungere poi il miscuglio di aglio, coriandolo, garam masala, cumino, curcuma e peperoncino in polvere, mescolare il tutto e cuocere per circa un minuto. Aggiungere il pollo tagliato a dadini, mescolare gli ingredienti e far cuocere per circa cinque minuti.

3. Aggiungere poi la salsa di pomodoro e il brodo di pollo, quindi cuocere per circa quindici minuti fino a quando il brodo inizia a bollire. Non dimenticare di mescolare. Utilizzando un robot da cucina o un frullatore ad alta velocità, aggiungere il burro di mandorle, il latte di cocco e lo yogurt, quindi frullare fino a quando il composto diventa liscio.

4. Versare il composto nella padella contenente il pollo, coprire la padella e far cuocere a fuoco lento per circa dieci o dodici minuti a fuoco lento. Servire.

5. Note

6. Per i consumatori di latticini, sentitevi liberi di sostituire il ghee con il burro. È possibile aumentare il tempo di preparazione del pollo se si servono più persone. Di solito, il mio richiede circa quaranta minuti perché la ricetta sia completamente cotta.

NUTRIZIONE: Calorie 296, grassi 17g, carboidrati 8g, carboidrati netti 5g, fibre 3g e proteine 29g.

Keto Chicken Pot Pie

Tempo di preparazione: 42 minuti

Tempo di cottura: 3 ore

Al servizio: 4

INGREDIENTI:

- Per il ripieno del pasticcio di pollo:
- 1 cucchiaio di burro o di olio di cocco (alternativa non casearia).
- 1/4 di tazza di verdure miste.
- 1/8 di cipolla piccola e tagliata a dadini.
- 1/8 di cucchiaino di sale rosa a piacere.
- 1/8 di cucchiaino di pepe a piacere.
- 1 spicchio d'aglio tritato.

- 3/4 di tazza di panna da montare pesante o crema di cocco (alternativa non casearia).
- 1/2 tazza di brodo di pollo.
- 1/2 cucchiaino di condimento per il pollo.
- 1/8 di cucchiaino di rosmarino.
- Un pizzico di timo.
- 1 1/2 tazze e mezzo di pollo cotto e tagliato a dadini.
- 1/4 di cucchiaino di gomma di Xanthan.
- Per la crosta:
- 2 1/2 cucchiai di burro fuso, burro di mandorle o olio di cocco (alternativa non casearia).
- 1/3 di tazza di farina di cocco.
- 1 cucchiaio di panna acida grassa o crema di cocco (alternativa non casearia).
- 2 uova.
- 1/8 di cucchiaino di sale a piacere.
- 1/8 di cucchiaino di lievito in polvere.
- 1/2 tazza di formaggio grattugiato dolce.
- 1/3 tazza di mozzarella o di formaggio vegano (alternativa non casearia).
- 1 cucchiaino di prezzemolo.

DIREZIONE:

1. Con l'aiuto di una pentola lenta, aggiungere il pollo e far cuocere per circa tre ore in un ambiente alto e poi mettere da parte. Preriscaldare il forno a 400 gradi, mettere una teglia a fuoco medio, aggiungere il burro o l'olio e lasciare riscaldare. Quando il burro si sarà sciolto, aggiungere la cipolla, le verdure miste, gli spicchi d'aglio, il sale e il pepe a piacere,

quindi far soffriggere per circa cinque minuti fino a quando le cipolle non diventeranno traslucide.

2. Successivamente, aggiungere altri ingredienti come la panna da montare pesante, il brodo di pollo, il condimento per il pollo, il timo e il rosmarino, mescolare bene per combinare, aggiungere qualche spruzzata di gomma Xanthan e poi far bollire a fuoco lento per circa cinque minuti fino a quando la salsa diventa densa.

3. Aggiungere poi il pollo cotto a dadini, mescolare e scaldare per qualche minuto mentre si fa l'impanatura. Usando una grande ciotola, aggiungere il burro, le uova, il sale e la panna acida, quindi frullare bene per amalgamare. Aggiungere gli ingredienti secchi come la farina di cocco e il lievito in polvere, quindi mescolare di nuovo per incorporare.

4. Quindi, aggiungere il formaggio, mescolare per combinare poi mettere l'impanatura sopra il pasticcio di pollo. Mettere la torta nel forno preriscaldato e cuocere per circa quindici o venti minuti. Girare le impostazioni del forno per cuocere e cuocere per altri uno o due minuti fino a quando la parte superiore della torta diventa di colore marrone. Servire con qualche spolverata di prezzemolo.

NUTRIZIONE: Calorie: 297, Carboidrati: 5,3g, Proteine: 11,6g, Grassi: 17g, e Fibre: 2g.

Note: A parte l'uso di una pentola lenta, il pollo può essere cotto a fuoco medio con una padella. Basta assicurarsi che sia cotto a fondo prima dell'uso. Le informazioni nutrizionali sono calcolate per porzione.

Delizioso pollo fritto in padella

Tempo di preparazione: 10 minuti

Tempo di cottura: 5 minuti

Al servizio: 4

INGREDIENTI:

- 1 cucchiaio di olio di sesamo.
- 2 cosce di pollo disossate, senza pelle.
- 1 cucchiaio di zenzero fresco tritato.
- 1/4 di tazza di salsa di soia o tamari (alternativa non casearia).
- 1/2 tazza d'acqua.
- 1 cucchiaino di cipolla in polvere.
- 1/2 cucchiaino di aglio in polvere.
- 1 cucchiaino di fiocchi di pepe rosso.
- 1 cucchiaio di dolcificante granulare naturale.
- 1/2 cucchiaino di gomma di xantano.
- 2 tazze di miscela di insalata di verdure insaccate.
- 1/2 tazza di scalogno tritato.
- Anacardi tostati per guarnire.

DIREZIONE:

1. Usate un coltello da cucina affilato per tagliare il pollo in pezzi più piccoli e poi mettetelo da parte. Mettete una padella antiaderente a fuoco medio, aggiungete l'olio di sesamo e lasciate riscaldare. Una volta caldo, aggiungere il

pollo a fette e lo zenzero, quindi far soffriggere per circa due o tre minuti. Aggiungere il resto degli ingredienti della lista a parte l'insalata di verdure e gli scalogni, mescolare e far cuocere a fuoco lento per circa cinque minuti.

2. Aggiungere poi l'insalata di verdure e gli scalogni, mescolare bene e far bollire a fuoco lento per un altro minuto e servire con gli anacardi tostati. Buon appetito.

NUTRIZIONE: 219 calorie, 10g di grassi, 5,5g di carboidrati netti e 19g di proteine.

Note: Durante la cottura di questa ricetta, assicuratevi di mescolare l'intero pasto di tanto in tanto mentre cucinate. Le informazioni nutrizionali si chiamano per porzione.

Kabob di pollo e verdure

Tempo di preparazione: 1 ora

Tempo di cottura: 35 minuti

Al servizio: 4

Difficoltà: di base

INGREDIENTI:

- Per la marinata:
- 1/4 di tazza di olio extra vergine di oliva.
- 1/4 di tazza di succo di limone forma circa 2 limoni.
- 3 spicchi d'aglio tritati.
- 1 1/2 cucchiaino di origano essiccato.
- 1/2 cucchiaino di rosmarino essiccato.
- 1/2 cucchiaino di sale marino a piacere.
- 1/2 cucchiaino di pepe nero a piacere.
- Un pizzico di cayenna.
- Per gli spiedini di kebab:
- 1 libbra di petti di pollo disossati e senza pelle a fette.
- 2 peperoni a fette.
- 1 zucchina grande e a fette.
- 1 cipolla rossa grande e a fette.
- 1 pinta di pomodori ciliegia.

DIREZIONE:

1. Usando una piccola ciotola, aggiungere tutti gli ingredienti per la marinata, quindi mescolare insieme per combinare. Aggiungere il pollo nella marinata preparata, coprire la ciotola e far marinare in frigorifero per circa un'ora.

2. Preriscaldare il forno a medio-alto, aggiungere alcuni pennelli di olio sulla superficie della griglia, il filo il pollo e le verdure alternativamente sugli spiedini. Far saltare il kebob di pollo e verdure con il resto della marinata, mettere gli spiedini sulla griglia preriscaldata e grigliare per circa cinque minuti.

3. Poi, girare il kebob e grigliare per altri cinque minuti fino a quando il pollo e le verdure non sono cotte. Servire.

NUTRIZIONE: Calorie 155, grassi 8g, sodio 222mg, carboidrati 6g, carboidrati netti 3g, fibra 1g e proteine 13g.

Note: Assicuratevi di immergere gli spiedini in acqua fredda per circa un'ora se sono di legno in natura. Di solito, per ottenere il miglior sapore dal pollo, si consiglia di marinare per circa 4 ore o una notte.

Keto Cremoso Pollo di Pomodoro Secco al Sole

Tempo di preparazione: 15 minuti

Tempo di cottura: 10 minuti

Al servizio: 6

INGREDIENTI:

- 6-8 (circa 8oz.) sottile libbra senza pelle senza pelle petti di pollo disossato.
- Sale e pepe a piacere.
- 3 cucchiai di burro o di olio d'oliva (alternativa non casearia).
- 4-6 spicchi d'aglio tritato.
- 3 tazze di spinaci tritati che sono opzionali.

- 1 1/2 tazza e mezza di panna da montare o crema di cocco (alternativa non casearia).
- 1/2 tazza di pomodori secchi secchi a olio a pezzetti.
- 1/4 di tazza di parmigiano grattugiato o di cocco (alternativa non casearia).

DIREZIONE:

1. Utilizzare può usare un mattarello per diluire il pollo, quindi aggiungere sale e pepe da entrambi i lati come condimento, messo da parte. Mettete una padella a fuoco medio, aggiungete circa 1 cucchiaio e mezzo di burro o olio e lasciate riscaldare. Quando il burro si sarà sciolto, aggiungere il pollo e cercare per circa quattro o cinque minuti su ogni lato, togliere dal fuoco e mettere da parte.

2. Quindi, diminuire il calore, aggiungere il resto del burro nella padella e lasciare riscaldare. Quando il burro si sarà sciolto, aggiungere l'aglio e far soffriggere per circa trenta secondi. Aggiungere i pomodori, gli spinaci, la panna pesante, il parmigiano, mescolare per amalgamare e poi aggiungere il pollo scottato.

3. Far bollire il tutto per circa un minuto e poi servire.

Note: Questa ricetta può essere cucinata senza il formaggio e ha comunque un ottimo sapore. Può essere servita con pasta, spaghetti alle zucchine, verdure al vapore o qualsiasi insalata a scelta. Le informazioni nutrizionali sono calcolate per porzione.

NUTRIZIONE: Calorie 283, grassi 17g, carboidrati 7g, fibra 1g e proteine 24g.

Delizioso pollo in umido

Tempo di preparazione: 1 ora

Tempo di cottura: 30 minuti

Al servizio: 4

INGREDIENTI:

- 2 cosce di pollo intere e fuselli.
- 1/2 cucchiaio di olio di cocco.
- 1 cucchiaio di condimento per achiote o qualsiasi condimento per pollo a scelta.
- 1 cucchiaio di aceto bianco.
- 1 1/2 cucchiai e mezzo di salsa Worcestershire.
- 1/2 tazza di cipolle gialle a fette.
- 1 pomodoro medio e a fette.
- 1 1/2 spicchio d'aglio a fette.
- 1/2 cucchiaino di cumino macinato.
- 1/2 cucchiaino di origano essiccato.
- 1/4 di cucchiaino di pepe nero macinato a piacere.
- 1/2 cucchiaio di granulato di dolcificante naturale.
- 1 tazza di brodo di pollo.

DIREZIONE:

1. Con una grande terrina, aggiungere la pasta di achiote, l'aceto, il Worcestershire, il cumino, l'origano, il pepe e il dolcificante, quindi mescolare bene per amalgamare. Successivamente, tagliare a dadini o a fette il pollo, quindi

aggiungere alla ciotola contenente la marinata e far marinare per un'ora.

2. Con una pentola istantanea, aggiungere l'olio e mettere a soffriggere. Aggiungere il pollo marinato e far cuocere per circa due minuti per lato fino a quando non diventa di colore. Una volta cotto, mettere il pollo su un piatto pulito e metterlo da parte.

3. Aggiungere poi le cipolle e l'aglio e far soffriggere per circa due o tre minuti fino a quando non diventa morbido e fumante. Aggiungere il pomodoro, far cuocere per un minuto, aggiungere il pollo, il brodo e il resto della marinata, chiudere il coperchio e far cuocere il pollo stufato per circa venti minuti ad alta pressione.

4. Una volta che il timer di 20 minuti si spegne, effettuare un rilascio naturale di vapore, quindi servire con coriandolo come guarnizione. Buon appetito.

NUTRIZIONE: Calorie: 319, Grassi: 22g, Carboidrati: 3g, carboidrati netti 2g, e proteine: 28g.

Note: Di solito, per ottenere il miglior sapore dal pollo, si consiglia di marinare per circa 4 ore o una notte. Questa ricetta può anche essere cotta in una pentola a fuoco medio per circa venti minuti. Le informazioni nutrizionali sono calcolate per 1 pollo e 1/4 di tazza di salsa.

Pollo fritto Keto

Tempo di preparazione: 2 ore

Tempo di cottura: 15 minuti

Al servizio: 3

INGREDIENTI:

- 3 libbre di coscia di pollo o cosce di pollo.
- 1/2 cucchiaino di sale a piacere.
- 1/2 cucchiaino di pepe a piacere.
- 1/2 cucchiaino di aglio in polvere.
- 1/2 cucchiaino di paprika a piacere.
- 1/2 tazza di farina di cocco.
- Olio per friggere.

DIREZIONE:

1. In una grande terrina, aggiungere il pollo, sale, pepe, aglio in polvere e paprika, quindi mescolare bene fino a quando il pollo non è adeguatamente rivestito. Coprire la ciotola, mettere la marinata in frigorifero e lasciar marinare per circa due ore.

2. Poi, mescolare la farina di cocco con il pollo, mescolando bene per rivestire. Mettere una padella a fondo pesante a fuoco medio, quindi aggiungere l'olio. Una volta che l'olio è caldo, lavorando a lotti, aggiungere il pollo rivestito e far cuocere per circa otto minuti per lato fino a quando non diventa di colore dorato.

3. Servire.

NUTRIZIONE: 425 calorie, 32g di grassi, 1g di carboidrati netti e 34g di proteine.

Note: È possibile utilizzare le mani (mani pulite per strofinare la spezia nel pollo. Di solito, per ottenere il miglior sapore dal pollo, si consiglia di marinare per circa 4 ore o una notte.

Per assicurarsi che il pollo sia cotto a fondo, inserire un termometro e assicurarsi che legga circa 165 gradi F. Le informazioni nutrizionali sono calcolate per porzione.

Barche basse di Zucchine di Pollo di Carb

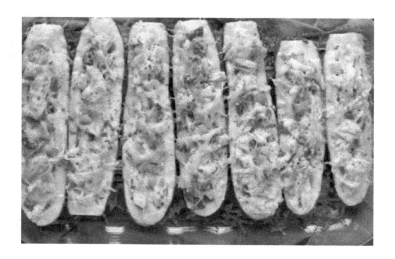

Tempo di preparazione: 25 minuti

Tempo di cottura: 30 minuti

Al servizio: 4

INGREDIENTI:

- 4 zucchine.
- 1/2 cucchiaino di olio extra vergine di oliva.
- Sale e pepe a piacere.
- 1 tazza di petti o cosce di pollo tritate o tritate a piacere.
- 3/4 di tazza di salsa.
- Mozzarella a pezzetti.

DIREZIONE:

1. Preriscaldare il forno a 425 gradi F, utilizzando un coltello da cucina affilato, tagliare le zucchine a metà, formando due barchette ciascuna. Con l'aiuto di un cucchiaio, stendete le zucchine al centro e mettetele in una teglia da forno, distese l'una accanto all'altra.

2. Aggiungete qualche filo d'olio d'oliva sulle zucchine, spalmate l'olio con un cucchiaio o pulite le mani, quindi salate e pepate a piacere. Usando una grande ciotola, aggiungere il pollo e la salsa, quindi mescolare bene per amalgamare.

3. Dividere equamente il composto di pollo e salsa tra le barchette di zucchine, riempiendo il centro. Mettere la teglia nel forno preriscaldato e cuocere le barchette per circa venticinque o trenta minuti.

4. Togliete le barchette dal forno, aggiungete il formaggio sopra e fate cuocere ancora qualche minuto fino a quando il formaggio non si scioglie. Una volta cotte, togliere le barchette di zucchine dal forno, guarnire con coriandolo tritato e servire.

NUTRIZIONE: Calorie: 113, Carboidrati: 9g, carboidrati netti 3g, proteine: 8g, grassi: 5g, sodio: 379mg e fibre: 2g.

Pollo Satay basso di Carb

Tempo di preparazione: 30 minuti

Tempo di cottura: 35 minuti

Al servizio: 6

INGREDIENTI:

- 1,5 chili e mezzo di offerte di pollo.
- Marinata di pollo
- 1/4 di tazza di latte di cocco intero.
- 1 1/2 cucchiai di curry in polvere.
- 1 cucchiaino di coriandolo per terra.
- 3 cucchiai di zucchero di cocco.
- 3 cucchiai di salsa di pesce, opzionale.
- 1/2 tazza di coriandolo fresco tritato che è opzionale.
- Salsa di arachidi
- 1/8 di tazza di latte di cocco intero.
- 1/2 tazza di burro di arachidi liscio o di mandorle a piacere.
- 1 1/2 cucchiaio e mezzo di zucchero di cocco.
- 1-2 cucchiaini di salsa all'aglio cileno.
- 1 1/2 cucchiaino di salsa di soia o salsa di soia tamari (alternativa senza glutine).
- 1 cucchiaino di pasta al curry rosso thailandese.
- Altri ingredienti
- coriandolo fresco tritato
- cunei di calce

DIREZIONE:

1. Assicuratevi di immergere gli spiedini in acqua calda per un periodo di una notte. In questo modo si eviterà che si brucino. Con un coltello da cucina affilato, tagliate il pollo a metà, nel senso della lunghezza, poi usate un mattarello per assottigliarli in modo che abbiano uno spessore uniforme.

2. Mettete il pollo in un sacchetto di plastica con una cerniera e mettetelo da parte. Usando una grande ciotola, aggiungere tutti gli ingredienti per la marinata, quindi mescolare bene per combinarli. Versare la marinata preparata nel sacchetto di plastica contenente il pollo il frullato da ricoprire.

3. Mettete il sacchetto di plastica in frigorifero e lasciatelo marinare per circa trenta minuti o preferibilmente per una notte mentre preparate la salsa. Mettete una padella a fuoco medio, aggiungete il burro di arachidi e fate scaldare per qualche minuto.

4. Versare il burro in una terrina insieme al resto degli ingredienti, oltre al latte di cocco, e mescolare. Aggiungere lentamente il latte di cocco, lo spago e regolare i condimenti man mano che si aggiunge. Una volta marinato, infilare il pollo sugli spiedini, metterli su una griglia e grigliare per qualche minuto su entrambi i lati fino a cottura completa.

5. Guarnire il satay di pollo alla griglia con coriandolo, spicchi di lime e salsa di arachidi.

NUTRIZIONE: Calorie 279, Grassi 15g, Sodio 224mg, Carboidrati 4g, Fibra 1g e Proteine 30g.

Note: Se la salsa di arachidi non si schiocca, sentitevi liberi di aggiungere un po' più di dolcificante, lime o succo di limone. Le informazioni nutrizionali sono calcolate per porzione.

Keto Pollo e cavolfiore di pollo e riso fritto

Tempo di preparazione: 30 minuti

tempo di cottura: 45 minuti

Al servizio: 3

INGREDIENTI:

- 6 oz. di cavolfiore riccio.
- 1/2 libbra di pollo macinato.
- 2 cucchiai di olio di cocco da cucina, diviso.
- 1/4 di cucchiaino di sale marino a grana fine a piacere.
- 1/4 di cucchiaino di cipolla in polvere.
- 1/4 di cucchiaino di aglio in polvere.
- 1/2 cucchiaino di cumino.
- 1/2 cucchiaino di peperoncino in polvere.
- Un pizzico di peperoncino.
- 1 peperone rosso a dadini.
- 1/2 cipolla gialla piccola e tagliata a dadini.
- 1 spicchio d'aglio tritato e 1/2.
- 1 barattolo di peperoncini verdi tritati.
- 1 peperone jalapeno de-seminato e tritato
- Cilantro per guarnire.

DIREZIONE:

1. Mettere una padella a fuoco medio e aggiungere circa 1 cucchiaio d'olio. Una volta che l'olio è caldo, aggiungere il pollo macinato insieme al sale e alle spezie come condimento a piacere, quindi cuocere per qualche minuto fino a quando non diventa di colore.

2. Aggiungere poi le cipolle e il pepe, quindi cuocere per circa quarantacinque minuti fino a quando non si ammorbidisce. Aggiungere gli altri ingredienti come il peperoncino verde tritato, l'aglio e il peperoncino jalapeno, mescolare e cuocere per circa quarantacinque secondi fino a quando non sarà riscaldato.

3. Aggiungere poi il cavolfiore riccio, mescolare per combinare, coprire la pentola e cuocere per circa trenta secondi fino a quando il cavolfiore diventa morbido. Togliere il riso fritto dal fuoco, guarnire con coriandolo e servire.

NUTRIZIONE: Calorie: 335, Grassi: 27g, Sodio: 273mg, Carboidrati: 9g, Carboidrati netti 7g, Fibre: 4g, e Proteine: 15g

Note: Per rendere più gustoso il riso fritto al cavolfiore, si può aggiungere circa 1/4 di tazza di salsa ranch chipotle ranch fatta in casa come guarnizione. Le informazioni nutrizionali sono calcolate per porzione.

IL PIANO DI 30 GIORNI DI DIETA ALIMENTARE

Giorno	Prima colazione	Pranzo	Cena
1	Keto Crunch	Seno d'anatra	Delizioso pollo Korma
2	Torte dolci Keto	Costolette di agnello al rosmarino	Keto Chicken Pot Pie
3	Burrito al salmone	Sous Video Agnello arrosto	Delizioso pollo fritto in padella
4	Pane del mattino	Bistecca di manzo alla pera	Kabob di pollo e verdure
5	Gnam gnam gnam gnam	Hamburger all'aglio cilantro	Keto Cremoso Pollo di Pomodoro Secco al Sole
6	Crepes per la prima colazione	Bistecca Tri-Tip all'aglio e soia	Delizioso pollo in umido
7	Fusion	Polpette all'aglio	Pollo fritto Keto
8	Frullato di mirtilli	Kebab di manzo macinato	Barche basse di Zucchine di Pollo di Carb
9	Frittelle Quick Keto	Bistecche ai funghi	Pollo Satay basso di Carb
10	Quiche di spinaci	Costolette di manzo al vino rosso	Keto Pollo e cavolfiore di pollo e riso fritto
11	Crepes alla	Bistecca di	Pollo alla paprika

	crema	filetto e purè di rape	Keto
12	Ciotola per frullati	Peperoni ripieni	Basso Carb Pollo al forno e verdure
13	Frittelle diaboliche	Verde Collard ripieno	Delizia di pollo arrosto e fagiolini
14	Muffin al formaggio	Costoletta di pomodoro e Jalapeno arrosto	Polpette di pollo deliziose
15	Piatto di melanzane e pomodoro	Sunchokes arrostiti alle erbe	Carnitas di maiale
16	Pasta e Verdure al Peperoncino	Salmone alla griglia	Petto di manzo facile
17	Zucchine ripiene al formaggio	Salmone con aneto	Costolette di maiale alla pancetta
18	Insalata croccante di pancetta con mozzarella e pomodoro	Gamberi al curry	Arrosto di maiale giamaicano
19	Cavolo stufato indiano	Salmone imburrato	Maiale agli agrumi
20	Spaghetti al formaggio arrosto di verdure:	Gamberi con asparagi	Carne di maiale ai funghi paprika
21	Spinaci freschi con salsa di pomodoro	Cozze Ala Marinera	Costolette di maiale al pesto e parmigiano
22	Cavolo di mandorla	Salmone arrosto con	Fajitas di manzo

	aromatico e purè di zucchine	crosta di aneto al parmigiano	
23	Domenica Cavolfiore e prosciutto cotto:	Salmone al forno Keto con limone e burro	Costolette di maiale alla senape
24	Keto Veggie Noodles	Salmone al forno Keto con pesto	Carne di manzo macinata e cavolini di Bruxelles
25	Pizza al peperoncino al formaggio	Gamberi semplici "alla griglia	Carne di maiale con carote
26	Cavolo all'aglio saltato in padella	Salsa di pesce e porri	Bistecca di manzo cremosa all'aglio
27	Broccoli stufato di pollo	Stufato di frutti di mare al cocco	Bistecca di filetto di manzo chetogenico
28	Zuppa di pollo al Cheddar	Stufato di gamberi	Formaggio di capra con crosta di noci e timo
29	Classico stufato di pomodoro e pollo	Branzino alle erbe	Bastoncini di formaggio avvolti nella pancetta
30	Zuppa di pollo al cocco	Keto Pollo cremoso e funghi	Involtini di salmone affumicato con rucola

CONCLUSIONE

Ricette di dieta keto sono la parte migliore della dieta ketogenica. Ci sono un sacco di verdure e proteine in queste ricette. Dal momento che la dieta keto ha una grande quantità di grassi e molto bassa quantità di carboidrati, così queste ricette sono devono avere per una persona che sta per seguire la dieta ketogenica.

Ma è importante che mangiamo solo ingredienti freschi e non usiamo prodotti in scatola o surgelati, perché in questa fase tutti i nutrienti andranno persi e non ne trarremo alcun beneficio.

Inoltre, poiché la dieta keto non contiene cereali o zuccheri, non possiamo usare miele, burro, panna pesante e altri prodotti che fanno parte degli alimenti occidentali.

Ma se volete provare alcune di queste ricette, allora potete includere questi ingredienti nella vostra dieta, dal momento che sono anche una parte di grande cibo.

Sto ancora seguendo la dieta chetogenica da un anno e ho visto tanti cambiamenti nel mio corpo, quindi ho voluto condividere tutti questi nuovi cambiamenti con tutti voi.

Ho anche trovato alcuni prodotti davvero utili da cui è possibile ottenere facilmente ricette di dieta keto e integratori.

Questi prodotti sono davvero buoni e mi aiutano a stare lontano da qualsiasi tipo di effetti collaterali, mentre si segue la dieta Keto.

È meglio imparare che non si può raggiungere l'obiettivo di peso che ci si è prefissati piuttosto che sentirsi frustrati e rinunciare. Quindi, invece di fissare l'obiettivo e di andare a sbattere, fissate gli obiettivi per gradi.

Per esempio, invece di dire "Voglio perdere 30 chili", dite "Voglio perdere 5 chili questo mese". Questo funziona perché le tue aspettative sono basse. Quando raggiungete il vostro obiettivo di perdere 5 chili quel mese, stabilite un nuovo obiettivo; smettete di mangiare fuori o di bere qualsiasi bevanda tranne l'acqua. Potete iniziare dicendo: "Voglio perdere 5 chili questo mese" e poi continuare a fissare un obiettivo basso.

Alla fine, sarete al vostro peso obiettivo. Questo è un ottimo modo per raggiungere il vostro obiettivo, perché in questo modo non vi preparate a fallire fin dall'inizio. Un altro vantaggio di questo metodo è che vi dà fiducia. Quando una persona riesce a raggiungere piccoli obiettivi, guadagna fiducia e continuerà a provarci fino a quando non ci riuscirà.

Speriamo che questo vi dia un'idea del processo di perdita di peso. Ora potete iniziare a pianificare il vostro viaggio di perdita di peso calcolando il vostro apporto calorico giornaliero e determinare quanti giorni dovete allenarvi a settimana.

Abbiamo la nostra ricetta consigliata con semplici passi da seguire. Si parte dalla colazione, pranzo, cena e molte ricette di spuntini. Le ricette sono deliziose e facili da fare a casa. Non ci sono restrizioni sul tipo di cibo che si vuole mangiare, si può mangiare quanto si vuole. Se parliamo di verdure, allora potete aggiungere più verdure verdi nella vostra dieta per ottenere più benefici salutari. Potete aggiungere più spezie, erbe aromatiche nei vostri pasti per aggiungere sapori diversi. L'aglio fa bene alla salute ed è ottimo per la digestione, ha più vitamina C dell'arancia. È anche possibile aggiungere tutte le spezie che si desidera, ci sono così tante spezie disponibili sul mercato che non sono fritti o hanno troppo olio aggiunto ad esso in modo da poterli utilizzare li condivideremo passo dopo passo le istruzioni per fare pasti facili e deliziosi come uno chef che li fa a casa. Se aggiungete più spezie nella vostra dieta, allora vi aiuterà a ridurre il numero di calorie nel vostro pasto. Potete usare la maggior parte delle verdure come cipolla, pomodoro, barbabietola, broccoli, carota, cavolfiore, ecc. Così, avrete più sostanze nutritive nei vostri pasti che sono molto buone per la salute.

Non si può mai immaginare una cosa del genere finché non si prova con se stessi. È così semplice che puoi farli a casa ogni volta che vuoi. Potete prepararne alcuni con la vostra famiglia a casa e anche per i vostri amici.

Abbiamo fornito un sacco di ricette facili per voi in questo libro, quindi provate queste se siete un principiante o volete iniziare a fare la dieta keto con grande sapore.

CPSIA information can be obtained
at www.ICGtesting.com
Printed in the USA
BVHW051759120421
604747BV00011B/717